法學啟蒙叢書

民法系列——

論共有

Co-ownership

■ 溫豐文 著

Civil Law

三民書局

國家圖書館出版品預行編目資料

論共有 / 溫豐文著. －－初版一刷. －－臺北市: 三民,
2011
　　面；　公分. －－(法學啟蒙叢書)

ISBN 978–957–14–5415–3　(平裝)

1. 共有 2. 物權法

584.217　　　　　　　　　　　　　　　99022220

© 論 共 有

著 作 人	溫豐文
責任編輯	沈家君
美術設計	陳健茹
發 行 人	劉振強
著作財產權人	三民書局股份有限公司
發 行 所	三民書局股份有限公司
	地址　臺北市復興北路386號
	電話　(02)25006600
	郵撥帳號　0009998–5
門 市 部	(復北店)臺北市復興北路386號
	(重南店)臺北市重慶南路一段61號
出版日期	初版一刷　2011年1月
編　　號	S 586040

行政院新聞局登記證局版臺業字第○二○○號

有著作權·不准侵害

ISBN　978–957–14–5415–3　（平裝）

http://www.sanmin.com.tw　三民網路書店

序

　　本書係以論述新物權法有關共有之規定為主，分別就共有之各種型態——分別共有、公同共有、準共有與區分所有建築物共有部分之共有等，參考國內外相關論著及我國實務見解作有系統的解說，期能勾繪出我國共有制度之全貌，使讀者瞭解共有制度的體系架構。同時針對共有制度之重要問題，逐一詮釋其基本概念，並舉例詳加說明，俾增進讀者對抽象法律規範之理解，以掌握問題之核心，並知所應用。

　　在撰寫過程中，適逢民法物權編修訂，為等修正條文三讀通過，而一度擱筆，直到 2009 年 1 月 12 日物權編的通則、所有權兩章完成立法後，始重新執筆，歷經年餘，終於完稿。在這期間，承蒙臺北大學不動產與城鄉環境學系陳明燦教授垂注關心，並承東海大學法律學系陳美蘭小姐協助繕打、校對，謹申謝忱。另外，此書之出版，得到三民書局之鼎力協助，於此也致以謝意。

　　本書敘述力求深入淺出，論理力求淺顯易懂。惟筆者學養有限，所論難免有掛漏謬誤之處，謹祈賢達不吝教正是幸。

溫豐文

2010 年 12 月

論共有

04　公同共有　085

導　論

01

第一節　前言

　　民法上之所有型態分為二類：一為單獨所有，二為共同所有。前者乃一人單獨享有一物之所有權，即所有權之主體為單數而言，例如甲所有某屋是。後者係數人同時共同享有一物之所有權，即所有權之主體為複數而言，例如乙、丙共有某地是❶。在現代社會裡，為因應商品所有權流通性之需要，所有型態係以單獨所有為基本原則❷。換言之，單獨所有係以個人獨立自主之人格為基礎，使所有權不受部落、家族之束縛，所有人於法令限制之範圍內得自由使用、收益、處分其所有物，從事交易，以發揮貨暢其流、物盡其利的經濟效用，進而促進社會經濟之發展❸。儘管如此，由數人共同享有一物所有權之共有型態，在人類歷史中，卻先於單獨所有而存在，在現代社會裡仍普遍存在著，並擔負著一定的社會機能❹。例如數人基於繼承、合夥或共同出資購買某物等原因而成立共有屬之。是以共有制度為近世各國民法所公認，於實際上亦頗重要❺。

---

❶　建築物之所有型態，除單獨所有與共同所有外，尚有區分所有一種。所謂區分所有，乃數人區分一建築物，而各有其一部所有權而言，區分所有人對建築物除有專有部分所有權外，尚有共有部分所有權。

❷　北川善太郎，《物權》，有斐閣，1996年，頁105。

❸　王澤鑑，《民法物權‧(1)通則‧所有權》，2006年，頁326。

❹　在人類歷史中，共有型態先於單獨所有型態而存在。依照德國社會學家德尼斯 (F. Tönnies) 之分析，人類社會是由「共同社會 (Gemeinshaft)」逐漸移轉到「利益社會 (Gesellschaft)」，而所有權之進化係由「共同所有 (Gemeineigentum)」逐漸移轉到「單獨所有 (Alleineigentum)」。誠然徵諸史乘，不難發現愈是上溯至古代的共同社會，愈可以看出共有現象之存在，然而降至近世，啟蒙思想發皇，個人主義思潮勃興，共同社會（尤其是村落共同體）日趨解體，人類社會逐漸進入利益社會，所有型態遂轉以單獨所有為主軸。詳見石田文次郎，〈民法における所有權の型態〉，《法商研究》1卷1號，頁33。

第二節 問題說明

我民法仿多數國家立法例，在物權編所有權章設有共有制度。惟依民法第765條規定：「所有人，於法令限制之範圍內，得自由使用、收益、處分其所有物，並排除他人之干涉。」據此，所有權之行使，在法令限制之範圍內固有充分的自由❻，不因其為共有或是單獨所有而異。但共有與單獨所有之主體究竟不同，因而產生下列問題：在單獨所有，因主體係單數，所有物之使用、收益、處分或管理，基於私法自治原則，僅憑所有人個人之自由意思即可為之。但在共有，主體為複數，有關共有物之使用、收益、處分或管理，如何為之？亦即共有人在使用、收益、處分或管理共有物時，相互間之權義關係如何調整？是其一。所有物受他人不法之干涉時，在單獨所有，所有人固得單獨行使物上請求權（民767），但在共有，應由何人行使？如何行使？是其二。民法上之共有分為分別共有與公同共有兩類，分別共有之共有狀態是暫時性的❼，存續期間較短，且各共有人得自由處分其應有部分以脫離共有關係（民 819 I），亦得隨時請求分割共有物以消滅共有關係（民 823 I 前段），但共有物如何分割？分割後之效力如何？是其三。反之，公同共有通常有其共同目的存在，其存續期間較長❽，惟成立公同共有之目的何在？亦即公

❺ 有關共有制度，德國民法規定在第1008條以下，法國民法規定在第815條以下，瑞士民法規定在第646條以下，日本民法規定在第249條以下，中華人民共和國物權法規定在第93條以下。

❻ 民法第765條是有關所有權權能之規定。其中所謂使用、收益、處分乃所有權之對物作用，又稱所有權之積極權能。所謂排除他人之干涉，乃所有權之對人作用，又稱所有權之消極權能。

❼ 北川善太郎，❷書，頁105。

❽ 公同共有之存續期間較長，除遺產之公同共有，其繼承人得隨時請求分割外（民1164），在公同關係存續中，各公同共有人，不得請求分割其公同共有物（民829）。

同關係之成因如何？以及公同共有人之權利義務與共同目的有何關係？是其四。

　　以上所列舉四項問題，是共有之法律問題的核心，亦是本書論述之重點。

第三節　本書之內容

　　基於上述問題意識，本書之內容主要是針對民法物權編新修正條文所規定之共有制度，加以闡述❾。即以民法第 817 條至第 831 條之規範內容為主軸，參酌判例、解釋令及學說見解，對共有制度之內涵，逐一剖析，間或介紹外國立法例，以與我國共有制度相對照。

　　在結構上，首先對共有之基本概念加以解析，即析述共有之型態，共有之性質，並概述我民法上之共有制度。其次依據民法有關共有之規定，分別從分別共有、公同共有與準共有三部分加以論述。其中，在分別共有部分方面，以析述分別共有之內部關係（包括共有物之使用、收益、處分及管理等），與外部關係（包括共有人對第三人之權利與對第三人之義務），及共有物之分割（包括分割限制、分割方法與分割效力）為主。在公同共有部分方面，以析述公同共有之成立原因、公同共有之應有部分，公同共有人之權利義務為主。至於在準共有部分方面，則分別就定限物權之準共有、債權之準共有、準物權之準共有及無體財產權之

---

❾　民法物權編制定於 1928 年，施行迄今已有八十餘年，在 2007 年至 2010 年間分：㈠擔保物權（抵押權、質權、留置權），㈡通則及所有權，㈢用益物權（地上權、農育權、不動產役權、典權）及占有三部分陸續修正。其中，擔保物權部分，於 2007 年 3 月 5 日經立法院三讀通過，同年月 28 日公布，並自同年 9 月 28 日起施行。通則及所有權部分，於 2009 年 1 月 12 日經立法院三讀通過，同年月 23 日公布，並自同年 7 月 23 日起施行。用益物權及占有部分，於 2010 年 1 月 5 日經立法院三讀通過，同年 2 月 3 日公布，並自同年 8 月 3 日起施行。

準共有加以說明。最後針對區分所有建築物共有部分之特殊性，就其分類、法律特性及使用，尤其是約定專用等，加以敘述。

透過以上論述，期能掌握我民法上共有條文之立法意旨，規範內容，進而勾繪出我國共有制度之體系構造，使讀者瞭解共有制度之全貌及共有之法律問題的核心所在。

共有之基本概念

第一節 共有之型態

所有權之型態是社會經濟發展之產物，故所有權為歷史之觀念，而非邏輯（論理）之觀念，由於各時代社會生活之不同需要，產生不同之共有型態。在比較法制史上，共有（廣義的共有）型態可分為總有、合有、共有（狹義的共有）三類。茲分述如次：

一、總有 (Gesamteigentum)

總有乃多數人結合成一共同體之所有型態，導源於中古世紀日耳曼的村落共同體。中古世紀之日耳曼，將村落與其村民調和為一共同體 (Genossenschaft)，惟村民並不因之喪失其個人之地位。村民基於村落構成員之身分，對村落共同體之財產享有使用、收益權。但無處分、管理權，其處分、管理權完全歸屬於村落共同體。換言之，村落共同體財產之使用、收益權與處分、管理權完全分離，而且分屬於各村民與村民所組成的實在綜合人 (Gesamtperson)，形成所有權權能之割裂。斯即一般論者所稱之「分割所有權 (geteiltes Eigentum)」❶。雖然如此，村落共同體對土地之支配權能與村落住民對土地之經濟權能並非對立關係，而是交互作用，彼此相互疊合之協力關係，各村落住民於取得村落住民資格時，即當然取得土地之使用、收益等經濟權能，而於喪失村落住民資格時，該經濟權能亦當然喪失。換言之，村落住民對土地之經濟權能具有與村民資格不可分離之性格❷。

惟值注意者，構成員（村民）對共同體（村落）之財產，雖有使用、收益權，但若違反團體規約而為使用、收益時，共同團體得依團體規約請求其停止行為及賠償損害。當一構成員之越權行為，妨害他構成員之

---

❶ 石田文次郎，《土地總有權史論》，岩波書店，1927 年，頁 202 以下；溫豐文，《土地法》，2009 年，頁 116。

❷ 鄭玉波著，黃宗樂修訂，《民法物權》，三民書局，2007 年，頁 140。

使用、收益時，他構成員亦得對該構成員請求其停止行為及賠償損害。此種管理權能與利用權能分離，而且團體統制色彩極為濃厚之總有型態，現在幾已斂跡。但在近代所有權觀念成立以前的農村社會裡，其存在卻相當普遍。例如日本農村社會裡的「入會制度」，即留有總有型態之痕跡。入會制度為日本農村社會特有之制度，係指一定部落之住民，根據固有習慣，取得特定山林、原野之刈草、伐木、狩獵、放牧等使用、收益權之謂❸。再如，依據日治時期臨時臺灣舊慣調查會之調查報告，當時臺灣農村社會裡所謂牛埔、溪埔、海埔等土地，亦與日本的「入會地」相當，而具有總有性質。易言之，日治時期，在臺灣，特定地域之住民，得出入自住村莊附近之牛埔、溪埔、荒埔、海埔等土地為牧畜、採薪、刈草、捕魚等行為，但無上述土地之管理、處分權，而且當遷徙他鄉時，其牧畜、採薪、捕魚等使用、收益權，即當然停止❹。

二、合有 (Eigentum zur gesamten Hand)

　　合有，亦稱合手的共有，我民法稱為「公同共有」，乃數人基於公同關係共享一物所有權之謂，導源於日耳曼的家族共同體。按日耳曼家族法，家長死亡後，各繼承人不得分割遺產。遺產是一個獨立的特別財產，歸屬於繼承人全體所有。亦即繼承人全體基於合手之公同關係結合在一起，共享繼承財產❺。由於繼承人基於繼承人之身分對整個遺產雖有其應繼分，然其應繼分因係基於身分法上之權利，而非基於物權法上之權

---

❸　中尾英俊，《入會林野の法律問題》，勁草書房，1977 年，頁 94；我妻榮著，有泉亨補訂，《物權法・民法講義 II》，岩波書店，2004 年，頁 429；鈴木祿彌，《物權法講義》，創文社，1975 年，頁 26。

❹　臨時臺灣舊慣調查會，《臺灣私法（第一卷下）》，1910 年，頁 465 以下。

❺　石田文次郎，〈合有論〉，《法學協會雜誌》49 卷 4 號，頁 6；溫豐文，《現代社會與土地所有權理論之發展》，五南圖書出版公司，1984 年，頁 63；古振暉，《共同所有之比較研究》，中正大學法律研究所博士論文，2006 年 1 月，頁 283。

利，因而在公同關係存續中，不得自由處分，亦不得自由請求分割。有關共有財產之處分，須經全體合有人同意。

此種因繼承關係而形成之合有型態，爾後擴及到婚姻關係，夫妻間之共同財產制乃應運而生。迨梅因 (Maine) 所倡導「由身分至契約 (from status to contract)」之觀念發達以後，公同共有型態更進而躍出了身分法領域，連無身分關係之人，亦得依據契約創造具有合有性質的共同財產，合夥財產之創設，即為適例。

合有之性質為介於總有與後述共有（狹義的共有）之間的一種共同所有型態。各合有人對於標的物不僅有使用、收益權，而且有管理、處分權。惟其管理、處分權被為達成公同關係之目的而設之規則所拘束。因此，其與總有有下述三點不同：㈠合有之主體相互間，僅基於公同關係結合在一起；總有則有一超越各主體之團體存在。㈡合有之各合有人對標的物有潛在的應有部分，當公同關係消滅時，其潛在之應有部分權利立即轉化成個人的單獨所有權；總有之構成員對標的物則無應有部分，因而不得請求分割轉化成個人的單獨所有權。㈢在合有，標的物之使用、收益權與管理、處分權均歸屬合有人；在總有，標的物之使用、收益權與管理、處分權則分離，而分別歸屬於構成員與構成員所組成的團體。

三、共有（狹義的共有）(Miteigentum)

共有（狹義之共有），我民法稱為「分別共有」，乃數人按其應有部分，共享一物所有權之謂（民 817），導源於羅馬法。羅馬法上之所有權係基於「個人的」所有權思想，採絕對的、自由的、排他的所有權概念❻。這種所有權概念，表現於共有關係者，為每一共有人對共有物有各自的應有部分，並得自由處分之。同時，如欲終止共有關係變為單獨所有時，得隨時請求分割。因此羅馬法不許有共有關係永久存續之特約。由此可知，羅馬法上之共有型態，個人主義色彩極為濃厚，其主體間相互結合

---

❻　原田慶吉，《ローマ法》，有斐閣，1974 年，頁 100；梅仲協，《民法要義》，1963 年，頁 378；溫豐文，❺書，頁 62。

之紐帶異常脆弱❼。

　　由於近代法律思潮受個人主義之影響，因而羅馬法型之共有型態為德、日、瑞士等主要大陸法系國家民法所繼受，而且各國民法均視此種共有型態為共有之常態，其共有人之權利雖較一般所有權有所限縮，但仍屬使用、收益權及管理、處分權所結合之一個所有權，所有權僅是「量的分割」而已。故與總有之構成員僅對標的物有使用、收益等經濟權能，而無管理、處分權等支配權能，而為所有權「質的分割」大不相同。此外，分別共有之共有人對標的物有明顯的應有部分，各共有人原則上得自由請求分割，並得自由處分其應有部分，因而其主體間之結合狀態，與合有之合有人對標的物僅有潛在的應有部分，各合有人在公同關係存續中不得請求分割，而緊密地結合在一起相較，亦不相同。

　　以上共有（廣義的共有）三種型態，我國民法僅承認共有（分別共有）與合有（公同共有）兩類。這三種型態，若以現代法律概念為基礎加以區別，可以表列如下：

種類＼區別	總　有	合　有	共　有
導　源	導源於日耳曼法村落共同體	導源於日耳曼法家族共同體	導源於羅馬法
基　礎	基於共同體關係	基於公同關係	基於人或物之集合
型　態	各構成員無應有部分	各合有人有潛在的應有部分	各共有人有明顯的應有部分
權　能	不得處分，亦不得請求分割	處分共有物須全體同意，在公同關係存續中不得請求分割	得自由處分應有部分，並以自由請求分割為原則

---

❼　原田慶吉，❻書，頁 121 以下。

第二節　共有之性質

關於共有之性質，學說上有下述二種不同見解：

一、**複數所有權說**：此說認為共有乃各共有人各有一個所有權，各所有權於一定比例上相互限制，而其內容之總和即等於一個所有權之狀態❽。

二、**所有權量的分屬說**：此說認為共有係一個所有權被量的分割而分屬於數人之狀態❾。

以上兩說，何者為當，在日本曾有爭論，兩說之論戰原本旗鼓相當，不分勝負。嗣因，此一問題之爭論，在法律上幾無實益，始偃旗息鼓❿。在我國，由於民法物權編所有權章第四節「共有」之立法理由謂：「所有權為事實上、法律上能於其範圍內管領物之物權，數人不得同時於一物上有數個所有權，固不待言。然數人共於一物之上有一所有權，初無反於所有權之觀念，且為近世各國民法所公認，於實際上亦頗重要，故特設本節之規定。」復無如日本民法第 255 條：「共有人之一人放棄其應有部分或無繼承人而死亡時，其應有部分歸屬於他共有人」之規定，因此在學說上，對共有之性質，幾無爭論，係採所有權量的分屬說。準此以言，共有之性質係一物上之一個所有權由數人共同享有，而非一物上成立數個所有權分屬於各共有人。

---

❽　我妻榮著，有泉亨補訂，❸書，頁 320；舟橋諄一，《物權法》，有斐閣，1974 年，頁 375；北川善太郎，《物權》，有斐閣，1996 年，頁 105。

❾　末川博，《物權法》，新法學全集，頁 308；林良平，《物權法》，1951 年，頁 132。

❿　採複數所有權說者認為各共有人各有一個所有權，依比例相互限制，而其內容總和即等於一個所有權，以此才能說明（日本）民法第 255 條所定共有人拋棄其應有部分時，該應有部分歸屬於他共有人之立法意旨。採所有權量的分屬說者認為一個所有權被量的分割而分屬於數人，才符合一物一權主義原則。詳見川島武宜編，《注釋民法(7)・物權(2)》，有斐閣，1978 年，頁 306。

一、種 類

我國民法仿瑞士立法例，在物權編所有權章所設之共有制度，分為二類：

㈠**分別共有**：**乃數人按其應有部分共同享有所有權而言。**在分別共有制度下，共有人除契約另有約定外，按其應有部分，對於共有物之全部有使用收益權（民 818）。共有人得自由處分其應有部分，共有物之處分、變更及設定負擔應得共有人全體之同意（民 819），而且各共有人原則上得隨時請求分割共有物。其內容於本書第三章詳述。

㈡**公同共有**：**指數人依法律、習慣或法律行為成立公同關係共同享有一物之所有權而言。**在公同共有制度下，公同共有人之權利義務，依其公同關係所成立之法律、法律行為或習慣定之。公同共有物之處分及其他權利之行使，除法律另有規定外，應得公同共有人全體同意（民 828）。在公同關係存續中，各公同共有人不得請求分割共有物（民 829）。其內容於本書第四章詳述。

此外，**數人共同享有所有權以外之財產權者，依民法第 831 條規定，準用共有或公同共有之規定，學說上稱之為準共有。**其內容於本書第五章詳述。

二、成 因

共同所有何由成立？稽其原因，可歸納為下列二種：

㈠**基於當事人之意思者**：例如：⑴數人出資共同購買某物，該物即為該數人之共有。⑵合夥契約，依民法第 668 條規定，各合夥人之出資及其他合夥財產為合夥人全體之公同共有。⑶夫妻共同財產制契約，依民法第 1031 條規定，夫妻約定採共同財產制者，夫妻之財產及所得，除

特有財產外，合併為共同財產，屬於夫妻公同共有。⑷信託行為：信託法第 28 條第 1 項規定，同一信託之受託人有數人時，信託財產為其公同共有等是。

㈡基於法律之規定者：例如：⑴民法第 808 條所定在他人之動產或不動產內發現埋藏物而成立共有。⑵第 812 條及第 813 條所定兩物不能分別主從之附合與混合而成立共有。⑶第 1151 條所定數繼承人在遺產分割前，對繼承遺產成立公同共有。

㈢基於習慣者：例如：⑴以祭祀公業名義登記之不動產為派下員之公同共有❶。最高法院民國 65 年度第 2 次民庭庭推總會決議㈢謂：「臺灣之祭祀公業並非法人，僅屬於某死亡者後裔公同共有祀產之總稱，其本身無權利能力，不能為權利之主體，其財產應為祭祀公業派下公同共有，不因土地登記簿其所有人名義為祭祀公業，而異其性質，故該不動產仍應認為其派下公同共有。」⑵神明會之會產為會員（信徒）之公同共有❷。最高法院 72 年臺上字第 1174 號判決認為：「神明會可分為財團性質之神明會及社團性質之神明會二種。財團性質之神明會，以會產為會之中心，會員對於會產並無直接之權利義務。社團性質之神明會，如未經為法人登記者，係以會員為會之中心，會員之權利，除共益權外，亦多自益權，一般情形，具有濃厚之私益色彩，乃屬公同共有之性質。」⑶同鄉會會館為同鄉之共有。最高法院 42 年臺上字第 1196 號判例認為：

---

❶ 祭祀公業係指各姓氏後裔為祭祀祖先而設祀產之總稱，淵源於中國大陸之「祭田」。其設立方式有合約字及鬮分字兩種，前者係已分居異財之子孫醵資置買田房，或捐出共有財產為祀產，享祀者為大始祖或支派始祖；後者乃分析家產時，抽出其一部分充作祀產，享祀人為該家之始祖。祭祀公業之繼承，依從習慣，以享有派下權的男系子孫或奉祀本家祖先之子及從母姓之子為限，一般子女或不從母姓之子孫（如招贅婚之子女係從母姓），向無派下權，即不得繼承祭祀公業財產。詳見法務部，《臺灣民事習慣調查報告》，法務通訊雜誌社，1990 年，頁 693 以下。

❷ 神明會，係指特定多數人為祭神而組成之宗教團體，如媽祖會、土地公會、關帝爺會是。詳見法務部，❶書，頁 605 以下。

「訟爭基地既係兩廣旅臺人士捐贈與兩廣會館，其所有權既已移轉於兩廣會館，而兩廣會館又係兩廣旅臺同鄉所組織，並非限於少數捐資設立之人為其構成之份子，則兩廣會館縱經解散，而其財產仍應歸屬於兩廣旅臺多數同鄉所共有，自不能仍由少數捐資設立人取得所有權」等是。

三、特　性

　　我民法上之共有分分別共有與公同共有兩類，二者因共有人相互結合之狀態不同，而有不同之特性。

　　就公同共有言，公同共有人基於公同關係相互結合，公同共有財產之機能是在實現特定的共同目的。例如祭祀公業財產是以祭祀祖先及敦親睦族為目的，神明會之會產是以崇拜特定神明及會員間相互砥礪修養為目的⓭，合夥財產則以經營共同事業為目的。為能實現上述目的，公同共有財產必須維持一定之獨立性，因而公同共有財產因有償讓與而取得之對價，或因政府徵收而領得之補償金，仍屬於公同共有⓮。同時必須維持一定之安定性，即在公同關係存續中，各公同共有人不得請求分割共有物（民829）。此外，公同共有人在公同共有物上行使權利，應受公同關係所由成立之法律、法律行為或習慣之拘束（民828），俾其存在目的得以實現。

　　至分別共有，則為共有之常態，其發生原因多基於共有人間的法律行為，如數人出資購買某物是。因各共有人相互間並非以公同關係相互結合，且得自由處分應有部分，並得隨時請求分割共有物，以脫離或消滅共有關係，因此僅具暫時性。

⓭　宜注意者，依民國96年制定之祭祀公業條例第50條及地籍清理條例第24條規定，祭祀公業及神明會嗣後將法人化，或將其不動產變更登記為派下員或信徒分別共有或個別所有（單獨所有）。

⓮　最高法院74年臺上字第748號判例、88年臺上字第410號判決。

分別共有

分別共有者，乃數人按其應有部分，對於一物同時共同享有所有權而言（民 817 I）。我民法規定在第 817 條至第 826 條❶。此種共有為共有之常態，因此又可稱為通常共有，我民法則逕以「共有」稱之。例如：甲、乙、丙三人各出資新臺幣二百萬元購買 A 地，甲、乙、丙即各以應有部分三分之一之比例，共同享有 A 地所有權是。其中，甲、乙、丙三人稱為共有人，A 地稱為共有物，甲、乙、丙三人基於應有部分在 A 地上所享有之權利稱為共有權。以下分別從應有部分、共有之內部關係與外部關係及共有物之分割說明之。

第一節　應有部分

一、應有部分之意義

分別共有之重要特徵為各共有人有明顯的應有部分，**所謂應有部分**（日本民法稱為「持分」；臺灣因曾受日本統治，故民間習慣仍多沿用「持分」之名稱），**乃各共有人就一所有權在分量上所享有之部分，亦即各分別共有人對於共有物行使權利範圍之比例。**各共有人，得按其應有部分之比例，對於共有物之全部行使權利（57 臺上 2387）。換言之，應有部分之權能、性質及效力等，除其行使時不得不受其他共有人應有部分之限制外，與單獨所有權無異。

二、應有部分之性質

應有部分之性質可從存在形式及權利內容兩方面說明之：

---

❶ 我民法上之分別共有，在中國大陸稱之為「按份共有」。依中華人民共和國物權法第 93 條後段規定，共有包括按份共有和共同共有兩種。其中，按份共有即我民法的分別共有，共同共有則為我民法的公同共有。

㈠就存在形式言

應有部分是抽象的存在於共有物之上。因為應有部分係共有人對於共有物所有權所享權利之比例,因此應有部分非具體的侷限於共有物之特定部分,而係抽象的存在於共有物之任何一部分。例如前述例子,甲、乙、丙三人對於整筆 A 地所有權均有三分之一權利,而非將 A 地分成三等分,分別由甲、乙、丙行使權利,以此可知,應有部分與分管部分不同。

㈡就權利內容言

應有部分是所有權量的分割,而非所有權質的分割。因為應有部分係抽象的存在於共有物之任何一部分,因此其內容、性質及效力與所有權殆無差異,只是其行使應受量(應有部分比例)的限制而已。例如前述例子,甲、乙、丙按其應有部分對於共有物全部均享有使用、收益、處分等權能,而非將共有物所有權之權能加以割裂,亦即非將所有權之使用、收益、處分等權能作質的分割,分別由甲、乙、丙享有(例如由甲單獨享有使用權,乙單獨享有收益權,丙單獨享有處分權)❷。

三、應有部分之比例

各共有人對於共有物應有部分之比例,依共有關係發生之原因而定。亦即:

㈠**基於當事人之意思而發生之共有,依當事人之意思定之。**例如:甲、乙、丙三人共購一物,約定應有部分各為三分之一是。惟如數人以有償行為對於一物發生共有關係者,除各共有人間有特約外,應按其出資比例定其應有部分(29 上 102)。

㈡**基於法律規定而發生之共有,依法律之規定定其應有部分。**如依民法第 808 條有關埋藏物發現之規定,在他人動產或不動產中發現埋藏

---

❷ 溫豐文,〈共有物分割對應有部分抵押權之效力〉,《月旦法學教室》第 59 期,頁 20。

物者，該動產或不動產之所有人與發現人各取得埋藏物之半。又如依第 812 條第 1 項有關動產附合及第 813 條有關混合之規定，動產不能分別主從而附合或混合者，各動產所有人按其動產附合或混合時之價值，共有合成物或混合物是。

㈢**無法依上述方法定其應有部分者，推定為均等**（民 817 II），蓋共而均乃一般之常態也。惟所謂推定，係屬「事實的推定」，是證據方法之一種，尚不涉及法律效果之賦予，被推定之事實，需符合經驗法則，若有反乎經驗的事實存在，即得提出「反證」推翻之。準此，當應有部分不明時，主張應有部分均等者，無庸舉證；反之，主張應有部分不均等者，應就事實負舉證之責❸。

應有部分之比例，通常係以分數表示之，共有物為不動產者，於辦理登記時，登載於土地登記簿之應有部分，其分數之分子分母不得為小數，分母以整十、整百、整千、整萬表示為原則，並不得超過六位數（土登 43 II）。已登記之共有土地權利，其應有部分之表示與前項規定不符者，得由登記機關通知土地所有權人於三十日內自行協議後準用更正登記辦理，如經通知後逾期未能協議者，由登記機關報請上級機關核准後更正之（土登 43 III）。

第二節　分別共有之內部關係

所有人於法令限制之範圍內，得自由使用、收益、處分其所有物，為民法第 765 條前段所明定。所有人如何使用、收益、處分乃至管理其所有物，在單獨所有之情形，所有人因僅一人，法律關係極為單純，幾乎不生任何問題。但在共有之情形，因所有人為多數，共有人如何為之，涉及共有內部關係頗為複雜之問題。所謂共有之內部關係，乃共有人彼此間之法律關係。包括共有人相互間因共有物之使用收益、應有部分之

---

❸　尤重道，《共有不動產處分之理論》，永然文化出版股份有限公司，1999 年，頁 23。

處分、共有物之處分、共有物之管理及對共有物的費用負擔等所生之權利義務關係。分述如下：

一、共有物之使用收益

　　民法第 818 條規定：「各共有人，除契約另有約定外，按其應有部分，對於共有物之全部，有使用收益之權。」據此可知，共有人使用收益共有物之客體為共有物之全部，而非共有物之特定部分。如共有物之性質，得同時共同使用或收益者，各共有人得同時使用或收益之。例如：共有之房屋，共同居住；共有之土地，所生之孳息，共同收益是。若共有物之性質不得同時共同使用或收益者，各共有人得依次序使用或收益之。例如：共有之車馬，本日應輪甲乘坐，次日應輪乙乘坐是❹。

　　惟共有人按其應有部分對於共有物之全部有使用收益之權，僅是原則，共有人間得以契約排除上述原則之適用。亦即共有人對於共有物使用收益之範圍得以契約另行約定之。依契約之約定，各共有人實際可使用或收益之範圍縱然超過或小於應有部分者，亦屬契約自由之範疇，自應尊重。

　　至各共有人對於共有物全部之使用收益權，不因應有部分之多寡而異，但應按其應有部分為之。所謂按應有部分為之，係指共有人用益權之行使，必須在應有部分範圍內，受應有部分之限制而言❺。共有人若未按應有部分而為使用收益時，他共有人得主張下列權利：

(一)不當得利返還請求權

　　民法第 818 條所定各共有人按其應有部分，對於共有物之全部有使用收益之權，係指各共有人得就共有物全部，於無害他共有人之權利範圍內，可按其應有部分行使用收益權而言。故共有人如逾越其應有部分之範圍而為使用收益，其所受超過利益，要難謂非不當得利（55 臺上

---

❹　請參閱民法第 818 條之立法理由。

❺　謝在全，《分別共有內部關係之理論與實務》，1995 年，頁 34。

1949)。他共有人得依第 179 條規定主張不當得利返還請求權。

㈡侵權行為損害賠償請求權

　　共有，乃數人共同享有一所有權，故各共有人本其所有權之作用，對於共有物之全部均有使用收益權。惟此項使用收益權應按其應有部分而行使，不得損及他共有人之利益，若有侵害，則與侵害他人之所有權同。被侵害之他共有人，自得依侵權行為之規定，行使損害賠償請求權（51 臺上 3495）。又各共有人按其應有部分，對於共有物之全部雖有使用收益之權，惟共有人對共有物之特定部分使用收益，仍須經協議或依民法第 820 條第 1 項規定之決定，非謂共有人得對共有物之全部或任何一部有自由使用收益之權利，如共有人不顧他共有人之利益，而就共有物之全部或一部任意使用收益，即屬侵害他共有人之權利（62 臺上 1803），他共有人亦得依侵權行為規定（民 184 I 前段），行使損害賠償請求權。

㈢所有權妨害除去請求權或所有物返還請求權

　　各共有人按其應有部分，對於共有物之全部雖有使用收益之權，惟未經共有人協議分管之共有物，共有人對共有物之特定部分占用收益，仍須徵得他共有人全體之同意或依民法第 820 條第 1 項規定之決定，其未經他共有人同意或未依管理決定而就共有物之全部或一部任意占用收益，即屬侵害他共有人之權利，他共有人得本於所有權請求除去妨害或請求向全體共有人返還占用部分。但不得將各共有人之應有部分固定於共有物之特定部分，並進而主張他共有人超過其應有部分之占用部分為無權占有，而請求返還於己❻。縱占用部分之範圍，未逾其應有部分所

---

❻　請參閱民國 74 年度第 2 次民事庭會議決議。惟對此問題，有持不同見解者，認為共有人越其應有部分而為用益者，係損害他共有人用益權（民 818），應返還不當得利之問題（55 臺上 1949），非第 767 條請求無權占有或侵奪共有物者，返還共有物之問題。因第 767 條規定之所有物返還請求權，係所有

得換算之比例，應仍有民法第 767 條規定之適用❼。

上述三種權利，他共有人對不當得利返還請求權與侵權行為損害賠償請求權得擇一行使，但對所有權妨害除去請求權或所有物返還請求權與前二者請求權之一得同時而為主張。申言之，他共有人主張所有權妨害除去請求權時，並得就不當得利返還請求權或侵權行為損害賠償請求權擇一行使。惟若不主張所有權妨害除去請求權，而主張所有物返還請求權時，亦得就不當得利返還請求權或侵權行為損害賠償請求權擇一行使。

二、應有部分之處分

民法第 819 條第 1 項規定「各共有人，得自由處分其應有部分。」基此，共有人處分其應有部分時，無庸經他共有人之同意。因應有部分係共有物所有權之一定比例，而民法第 765 條既規定，所有人於法令限制之範圍內，得自由處分其所有物，故共有人在法令限制之範圍內，亦得自由處分其應有部分。共有人間若有相反之約定，彼此間雖應受該約定之拘束，但對於受讓應有部分之第三人不生效力（33 上 3768）。

惟民法上所稱處分，有最廣義、廣義與狹義之分，最廣義的處分包括事實上處分與法律上處分。前者係就標的物本身為物理的變形、改造或毀損所為之事實行為，例如以麥製麵、客土整地、拆除房屋等是；後者就標的物權利為限制、移轉、設定或消滅所為之法律行為，例如房屋之出租、土地之出售、抵押權之設定，乃至物之拋棄等是。廣義的處分，

人對於無權占有或侵奪其所有物者之權利，而各共有人之應有部分，係對於共有物所有權之比例，並非共有物本身，性質上不可能被共有人無權占有或侵奪，故共有人就應有部分，似無主張第 767 條規定之所有物返還請求權之餘地（姚瑞光，《民法物權論》，大中國圖書公司，1999 年，頁 121）。實務亦曾有不同見解，司法院 (72) 廳民一字第 0875 號函認為：民法第 821 條規定，係指共有人對於第三人無權占有或侵奪共有物所可行使權利而言，占有共有物全部之共有人，既非第三人，亦非無權占有，似無該條規定之適用。

❼ 王澤鑑，《民法物權⑴·通則·所有權》，2006 年，頁 342。

專指後者，亦即法律上處分。法律上處分，復可分為負擔行為與處分行為，前者係以發生債權債務為內容之法律行為，又有單獨行為（如捐助行為）與契約行為（如買賣、租賃等）之分；後者則以直接使權利發生、變更或消滅之法律行為，亦可分為單獨行為（如所有權拋棄）與契約行為（如所有權移轉契約、抵押權設定契約），狹義的處分僅指處分行為而言。民法第765條及第819條第2項所稱處分為最廣義的處分，第759條所稱處分為狹義的處分。至**第819條第1項所稱處分則為廣義的處分，係指法律上處分，不包括事實上處分**。蓋事實上處分係指將標的物為變更、毀損或滅失之行為，應有部分僅係抽象的存在，而非具體的存在，倘得為事實上之處分，則已涉及具體之共有物，勢必損及他共有人之權益，自非法所許❽。應有部分之法律上處分，其方式應依處分所有權之規定辦理。即在不動產須訂立書面，並經登記（民758）；在動產須經交付，始生效力（民761）。以下分別從應有部分之讓與、設定負擔、出租與拋棄說明之。

㈠應有部分之讓與

　　共有人得自由讓與其應有部分，共有人讓與其應有部分後，即脫離共有關係，由受讓人按讓與人之原應有部分與他共有人繼續共有關係，而發生部分共有人更易之效果。應有部分雖係共有物所有權之抽象成數，而非共有物具體的某一部分，但讓與應有部分之共有人對共有物之特定部分已為占有使用收益者，不問該特定部分之占有是否基於分管契約而來，均有將之交付於受讓人之義務（72臺上1853判決、民348）❾。

　　應有部分讓與時，依民法第826條之1第3項規定，受讓人對讓與人就共有物因使用、管理或其他情形所生之負擔連帶負清償責任。所稱

---

❽　謝在全，❺書，頁9。

❾　對此，王澤鑑先生有不同意見，認為：共有人轉讓其應有部分，除非基於分管契約，已占有該物某特定部分，就該特定部分對受讓人應交付外，其受讓人自無從請求交付該共有物的特定部分。請參閱王澤鑑，❼書，頁334。

其他情形，例如協議分割或禁止分割約定等所生之負擔是（民822）。所積欠之債務既明定由讓與人與受讓人連帶負清償責任，則於受讓人清償後，自得依民法第280條之規定定其求償額。

(二)應有部分之設定負擔

應有部分得否設定負擔，由於民法第819條第1項之規定，僅言「處分」，未及於「設定負擔」，未若同條第2項將「處分」、「變更」及「設定負擔」並列，致生疑義。就程度言，處分係高度行為，設定負擔係低度行為，處分既得自由為之，設定負擔應無不許之理。因之，各共有人就其應有部分設定負擔，若與具體的共有物無涉，且不害及他共有人之利益者，非不得自由為之。惟若與應有部分之性質不相容，且有害於他共有人者，自不許為之❿。茲分擔保物權之設定與用益物權之設定說明之。

1.擔保物權之設定

共有物如係不動產，共有人得否將其應有部分設定抵押權？從修正後的民法第824條之1第2項規定觀之，應採肯定見解。惟民國98年物權編所有權章修正前，對此問題，實務上之見解前後不一，民國25年司法院院字第1516號解釋曾採否定見解，認為應有部分不得為抵押權之標的物。嗣民國63年司法院大法官會議第141號解釋改採肯定見解，認為：「共有之房地，如非基於公同關係而共有，則各共有人自得就其應有部分設定抵押權。」由於應有部分設定抵押權，與應有部分之性質非不相容，況應有部分設定抵押權後，縱然實行抵押權，充其量不過就抵押標的物之應有部分為移轉所有權之處分，與應有部分之處分殆無差異。因此，肯定見解，殊值贊同。同理，共有物為動產，以應有部分設定質權，亦應肯定，只是其設定須使質權人與他共有人共同占有其物（民885）。

2.用益物權之設定

應有部分可否設定用益物權？通說採否定見解，其理由為地上權、農育權、不動產役權、典權等用益物權須占有標的物而為使用收益，而

❿　姚瑞光，❻書，頁123。

應有部分係抽象的存在於共有物之上，在性質上不適於作為以用益為內容之權利的客體❶。惟上述通說固非無見，實則不無例外。例如在區分所有建築物之情形，基於房地一體之原則，建築物區分所有人就其專有部分設定典權時，對所屬建築物共有部分（共用部分）之應有部分及基地所有權之應有部分，亦應一併設定典權（民 799 V、公寓 4 II 參照）。又如在共有物訂有分管契約之情形，共有人就其應有部分設定用益物權，將其分管部分依所定分管契約之條件交由權利人占有用益，俾物盡其用，地盡其利，應予肯定。易言之，**應有部分可否設定用益物權，應視情形而定，並非皆不得為之。**

(三)應有部分之出租

　　共有人得否將其應有部分出租？**實務上採肯定見解，**認為共有人將其應有部分出租於承租人者，性質上係該共有人約定將其應有部分對於共有物所具有之使用收益權，於契約關係存續期限內，由承租人享有，與民法第 421 條規定之租賃，係以物為標的者，固有不同，然既不違反公序良俗，法律上復無禁止之規定，本諸契約自由原則，當事人間自得有效成立，並準用民法上租賃之規定❷。例如共有物訂有分管契約時，共有人就其應有部分出租，將其分管部分依所定分管契約之條件交由承租人使用收益，或各共有人與承租人分別訂立共有物應有部分之租賃契約而取得共有物全部之使用收益是。惟若應有部分之出租人，不能依約使承租人享有使用收益權時，應負債務不履行責任，自不待言❸。

---

❶　我妻榮著，有泉亨補訂，《物權法・民法講義 II》，岩波書店，2004 年，頁 326；川島武宜編，《注釋民法⑺・物權⑵》，有斐閣，1978 年，頁 308（川井健執筆）；姚瑞光，❻書，頁 122。

❷　請參照最高法院 77 年臺上字第 413 號判決。

❸　謝在全，❺書，頁 19。

㈣應有部分之拋棄

拋棄係以消滅物權為目的之單獨行為，其性質為法律上處分，故應有部分之拋棄各共有人得自由為之（民 819 I）。惟經拋棄之應有部分，其歸屬如何處理，是一問題。對此，在日本，因其民法第 255 條明定「共有人之一人拋棄其應有部分或死亡無繼承人時，其應有部分歸屬於他共有人。」據此，拋棄之應有部分，歸屬於他共有人，殆無爭議。但在我國，因民法無類似規定，致共有人拋棄其應有部分時，其拋棄之應有部分是否歸屬於他共有人，有正反意見。持肯定說者認為：所有權既具有彈性，則應有部分亦應具之，一應有部分消滅，他應有部分即隨之擴張，因而分別共有人中之一人，雖拋棄其應有部分，或死亡而無人繼承時，亦不能認係無主物而任人先占，必須依比例而歸屬於他共有人❶。持否定見解者認為：所謂所有權彈力性旨在說明所有權因其他負擔（用益物權或擔保物權）消滅，因而回復原有圓滿狀態，不足作為使經拋棄之應有部分依比例歸屬於他共有人之依據，況我民法無類似日本民法第 255 條之規定，因此難作相同解釋❶。

以上兩說應以否定說為是。即在我國，應有部分拋棄時，如為土地，於辦理塗銷登記後，登記機關應隨即將該應有部分登記為國有（土登 143 III）。如係動產，於拋棄占有後，該應有部分即成無主物，他共有人僅得依先占之法理取得之，拋棄之應有部分，並非當然歸屬於他共有人。

㈤共有人之優先購買權

各共有人得自由處分其應有部分，雖為民法第 819 條第 1 項所明定，但共有物為土地或建築改良物等不動產時，土地法第 34 條之 1 第 4 項規定：「共有人出賣其應有部分時，他共有人得以同一價格共同或單獨優先

---

❶ 鄭玉波著，黃宗樂修訂，《民法物權》，三民書局，2007 年，頁 144；大理院 3 年上字第 1207 號判例。

❶ 姚瑞光，❻書，頁 122；謝在全，❺書，頁 22；王澤鑑，❼書，頁 336。

承購。」是即共有人優先購買權之規定。揆其立法意旨，在於防止共有土地或建築改良物之應有部分落於外人之手，以限制共有人人數增加，簡化或消滅共有關係，俾利共有土地之管理與利用[16]。茲將共有人優先購買權之性質、行使要件與效力分述如下：

1.性　質

優先購買權之法律性質，在實務上有訂約請求權說與形成權說兩種不同見解。前者認為優先購買權之本質無異於要約，依買賣契約訂立請求權之理論，買賣契約之成立，尚須義務人（出賣人）承諾[17]。後者認為優先購買權乃權利人得依一方之意思，形成以義務人出賣與第三人同樣條件為內容之契約，無須義務人之承諾[18]。上述兩種見解，**在學說上係以形成權為通說**[19]。

2.行使要件

共有人優先購買權之行使，應具備下列要件：

(1)**行使主體須為他共有人：** 即須出賣應有部分之共有人以外之其他共有人。**是否為他共有人，應以土地登記簿所登記者為斷。他共有人有數人時，對共有人出賣其應有部分之優先購買權，均有同一優先權。**至優先購買權人均主張或多人主張優先購買時，其優先購買之部分應按各主張優先購買權人之應有部分比率定之（土地法第三十四條之一執行要點 11 ⑨後段）[20]。

(2)**須以買賣為前提：** 共有人之優先購買權須以買賣為前提，如為贈與、交換，不得主張優先購買權。茲**所稱買賣，除一般買賣外**，於法院

---

[16] 溫豐文，《土地法》，2009 年，頁 126。

[17] 最高法院 44 年臺上字第 700 號判例。

[18] 最高法院 60 年臺上字第 2438 號判決、最高法院 67 年度第 5 次民庭總會決議。

[19] 請參閱史尚寬，《土地法原論》，正中書局，1964 年，頁 203；王澤鑑，《民法學說與判例研究㈠》，三民書局，1986 年，頁 519 以下。

[20] 內政部於民國 75 年 8 月 19 日訂定「土地法第三十四條之一執行要點」（以下簡稱執行要點），屬行政規則，是土地法第 34 條之 1 的補充規定。

拍賣共有土地或建築改良物之應有部分時，亦包括之（強制執行法 102）。又部分共有人依土地法第 34 條之 1 第 1 項之規定出賣整筆共有土地時，就該共有人而言，仍為出賣其應有部分，對於他共有人之應有部分，僅有權代為處分，並非剝奪他共有人之優先承購權，故應在程序上先就其應有部分通知他共有人是否願意優先購買（執行要點 11 ①）（最高法院 78 年度第 12 次民事庭會議決議）。於此情形，不同意處分之他共有人，得依本條項規定行使優先購買權，以防止部分共有人以顯不相當之對價，任意處分共有土地，致損害他共有人之權益。惟其優先承購之標的，限於部分共有人之應有部分，而非共有土地全部。但應注意者，基於建築物區分所有權與基地利用權一體性之原則，共有人之先買權於區分所有建築物連同其基地應有部分之所有權一併移轉與同一人所有之情形，不適用之（土登 98、執行要點 11 ④）。又土地法第 34 條之 1 第 4 項所定共有人優先購買權，旨在限制共有人人數增加，簡化共有關係，因而共有人間互為應有部分之買賣時，亦無上開規定適用之餘地(72 臺抗 94)。

　　⑶**須依出賣人與第三人所訂買賣契約之同一價格：** 所稱「買賣契約之同一價格」，係指買賣雙方當事人所約定之實際交易價格。亦即以私契上所訂之買賣價格（通常係依市價）為準，而非依公契上所訂之買賣價格（通常係依公告現值）**㉑**。至於有關價金之給付時期、給付方式等其他條件是否也需相同，法文並未明定，基於優先購買權之本質，應採肯定解釋。亦即茲**所稱同一價格，應解為同一條件。**

　　⑷**優先購買權之行使須於出賣通知到達後十日內表示：** 逾期不表示者，其優先購買權視為放棄（執行要點 11 ②）。他共有人已放棄優先購買權者，於申請移轉登記時，出賣人應附具切結書或於申請書適當欄記明「優先購買權人已放棄優先購買權，如有不實，出賣人願負法律責任」

㉑　私契指債權契約而言，即買賣雙方當事人實際上約定彼此間權利義務關係之契約。公契通常指物權契約而言，即買賣雙方當事人為了辦理移轉登記，依內政部所訂般的「土地‧建築改良物買賣所有權移轉契約書」格式所訂立的契約。

字樣，免提他共有人已放棄優先購買權之證明文件。但如他共有人在未辦竣登記前，對優先購買權有所爭執，並以書面提出異議，除其優先權已依法視為放棄者外，登記機關應駁回登記之申請，俟優先購買權爭執解決後，再行受理登記之申請。

　　上述乃共有人優先購買權行使之要件。優先購買權之性質屬形成權，以意思表示向出賣應有部分之共有人為之，即生效力。

3.效　力

　　土地法第 34 條之 1 第 4 項所規定之優先購買權僅有債權之效力，因其並無如土地法第 104 條第 2 項「出賣人未通知優先購買權人而與第三人訂立買賣契約者，其契約不得對抗優先購買權人」之規定也。職是，倘共有人違反法律規定未先徵求他共有人放棄優先購買權，而將應有部分賣與他人，並已依法移轉所有權登記時，他共有人不得主張該買賣契約為無效而塗銷其依法所為之登記（65 臺上 853、68 臺上 3141）。於此情形，他共有人如受有損害，僅得向出賣之共有人請求損害賠償而已（執行要點 11 ⑤）。又本條項所規定之優先購買權因僅具債權效力，故與具有相對物權效力之土地法第 104 條及第 107 條所定優先購買權競合時，應優先適用土地法第 104 條或第 107 條規定（執行要點 11 ⑥）❷❷。

三、共有物之處分

㈠應得共有人全體之同意

　　共有物之處分與共有人之權益息息相關，因而民法第 819 條第 2 項

---

❷❷　土地法第 104 條係有關基地承租人優先購買權之規定，因該條第 2 項後段規定：「出賣人未通知優先購買權人而與第三人訂立買賣契約者，其契約不得對抗優先購買權人。」據此，出賣人未通知優先購買權人，縱然已將標的物移轉於第三人，優先購買權人仍得請求法院確認優先購買權存在及塗銷該項所有權移轉登記，並請求出賣人按照與第三人所定同樣條件移轉標的物所有權予優先購買權人。因此，此一優先購買權具有相對的物權效力。

規定：「共有物之處分、變更及設定負擔，應得共有人全體之同意。」茲所稱**處分包括事實上處分與法律上處分**。變更指變更共有物之本質或用途而言，例如將住宅變為店舖，農田變為魚塭，金銀變為首飾是。設定負擔則指設定地上權、農育權、不動產役權、典權、抵押權等定限物權而言。

　　須注意者，**民法第 819 條第 2 項之適用範圍，不以對共有物全部之處分為限，對共有物特定部分之處分，亦包括在內**。各共有人雖得自由讓與其應有部分（民 819 I），但若將共有物特定一部讓與他人，使受讓人就該一部取得單獨所有權者，非民法第 819 條第 1 項所謂應有部分之處分，而為同條第 2 項所謂共有物之處分，縱該一部之所值低於按其應有部分所應分得之一部，其讓與亦非得共有人全體之同意，不生效力（32上 11、40 臺上 1479）。

　　至本條項所稱「同意」，不拘於一定方式，如有明確之事實，足以證明已經為明示或默示之同意者，均屬之（19 上 981）。且不限於行為時為之，若於事前預示或事後追認者，均屬有效（17 上 1014）。此項同意，乃私法自治之範疇，因而共有人中如有不同意者，尚不能遽認其為權利濫用，同意處分、變更及設定負擔之共有人亦不得訴請法院命其同意❷❸。惟因全體之同意，有時不易獲致，因之早期判例有若干變通方法。例如因共有人眾多，苟願開會依多數之議決，經各共有人均舉有代表到場預議者，自應遵從議決，不得事後翻異（19 上 2208）。又如管理家務之人因清償公共負擔之費用，而處分其家產之全部或一部者，其他共有人除於處分當時表示異議外，不得事後以無權處分為理由，主張其代理處分不當（20 上 3204）。

㈡未得共有人全體同意之處分

　　共有物之處分未得共有人全體同意時，其處分若為事實上處分，同意處分之共有人對他共有人應依侵權行為規定負損害賠償責任。若為法律上處分，則因負擔行為與處分行為而異其效力。申言之，**負擔行為（債**

---

❷❸　王澤鑑，❼書，頁 344。

權行為）因不以有處分權為必要，因此共有人中之一人或數人未得共有人全體之同意出賣（或出租）共有物時，應屬有效。例如甲乙丙三人共有某地，甲擅將該地出賣於丁時，甲與丁間之買賣契約有效。惟若乙、丙不同意移轉該地於丁致給付不能時，甲對於丁應依債務不履行規定負損害賠償責任（民226）。至處分行為（物權行為）則以有處分權為必要，因此未得共有人全體同意所為之處分行為係屬無權處分，其效力未定，須經他共有人之承認，始生效力（民118）。

㈢共有不動產之處分、變更及設定負擔

共有物之處分、變更及設定負擔應得共有人全體同意，民法第819條第2項雖定有明文，但土地法第34條之1對共有不動產之處分、變更及設定負擔，設有特別規定，是民法之特別規定，應優先於民法適用。茲析述其內容如次：

1.共有不動產處分、變更及設定負擔之條件

土地法第34條之1第1項規定：「共有土地或建築改良物，其處分、變更及設定地上權、永佃權（農育權）、地役權（不動產役權）或典權，應以共有人過半數及其應有部分合計過半數之同意行之。但其應有部分合計逾三分之二者，其人數不予計算。」依此規定，則共有土地只要符合下述條件之一，即可處分、變更及設定負擔：①共有人過半數及其應有部分合計過半數之同意。②應有部分合計逾三分之二者同意時，其人數不予計算。揆其立法意旨，在促進共有土地有效利用，健全社會經濟發展。蓋因若依民法第819條第2項「共有物之處分、變更及設定負擔，應得共有人全體之同意」之規定，則共有人中只要有一人不同意或有一人遷徙他鄉，行蹤不明，致難取得其同意時，共有不動產即不能處分、變更或設定負擔，勢將妨礙共有不動產之合理使用。

茲所稱「處分」，指法律上及事實上之處分，前者如買賣、交換，後者如客土整地或共有建築物之拆除是。但不包括贈與等無償之處分、信託行為及共有物分割（土地法第34條之1執行要點3）。所稱「變更」，

則指變更共有土地（或建築物）之本質或用途而言。如將共有之農田變更為宅地，非供公眾使用之共有建築物變更為供公眾使用（建築法76），或標示之分割及合併等權利客體之變更是（同執行要點5）。所稱「設定負擔」，乃設定他項權利而言，本條項僅列舉地上權、永佃權（農育權）、地役權（不動產役權）及典權四種，自不包括抵押權在內。蓋依據法諺：「明示規定其一者，應認為排除其他」及「省略規定之事項，應認為有意省略」也❷。至於所稱「共有人過半數及其應有部分合計過半數」，係指共有人人數及應有部分合計均超過半數而言；「應有部分合計逾三分之二」，係指應有部分逾三分之二者，共有人數可以不計而言。關於共有人數及應有部分之計算，以土地登記簿上登記之共有人數及應有部分為準。但共有人死亡者，以其繼承人數及繼承人應繼分計入計算（同執行要點7）。又所稱「同意」，不拘於一定形式，如有明確之事實，足於證明已經為明示或默示之同意者，均屬之（19上981）。且不限於行為時為之，若於事前預示或事後追認者，均不得謂為無效（17上1014）。

2.共有不動產處分、變更及設定負擔之程序

(1)他共有人之通知或公告：共有土地或建築改良物之處分、變更及設定負擔，依土地法第34條之1第1項規定，雖無庸共有人全體之同意，

---

❷ 土地法第34條之1第1項之規定是否包括抵押權之設定在內，學說上之見解不一，有否定、肯定兩說。通說係採否定說，持肯定說者，有吳光陸先生（請見吳文，〈土地法第三十四條之一第一項之商榷〉，《法學叢刊》第136期，頁49）。二者孰當，繫於抵押權之設定，在此究係「法律漏洞」，抑或「法律有意省略」。關於「法律漏洞」與「法律有意省略」之區分方法，大體而言，應從立法者之意圖考察，若立法者在制定法律當時已經明確地考慮過該一事項，但後來決定不予納入規範，即屬法律有意省略。否則，即為法律漏洞。若屬法律漏洞，可透過類推適用方法，將之填補。吾人綜觀土地法之條文，其中有關設定他項權利之條文（如第16、17、25條等），皆明定為「設定負擔」，唯獨第34條之1第1項僅列舉設定地上權、永佃權（農育權）、地役權（不動產役權）或典權等四種權利。故有關抵押權之設定，在此宜解為法律有意省略，不得類推適用第34條之1第1項之規定。

但土地或建築改良物為共有人全體共有,與每一共有人之權益息息相關,故土地法第34條之1第2項規定:「共有人依前項規定為處分、變更或設定負擔時,應事先以書面通知他共有人;其不能以書面通知者,應公告之」,以示慎重。所稱「書面通知」,應視實際情形,以一般通知書或郵局存證信函為之。其以公告代替通知者,應以他共有人住址不明或經通知而無法送達者為限。所稱「公告」,指直接以布告方式,由村里長簽證後,公告於土地或建物所在地之村、里辦公處,或逕以登報方式公告之。通知或公告之內容,應記明土地或建物標示、處分方式、價金分配、償付方法及期限,受通知人及通知人之姓名、地址及其他事項。他共有人已死亡者,應以其繼承人為通知或公告之對象(執行要點8)。

　　(2)**他共有人權益之保護:** 共有土地或建築改良物依第34條之1第1項規定即可處分、變更及設定負擔,惟未參與處分之他共有人之權益,並未因而消滅,其所應得之對價或補償仍應付與。故土地法第34條之1第3項規定「第1項共有人對於他共有人應得之對價或補償,負連帶清償責任。」所謂連帶清償責任,乃他共有人得對第1項共有人中之一人或數人、或其全體,同時或先後請求全部或一部之給付(民273參照)。亦即第1項共有人中之任何一人,對他共有人皆負全額給付之責任,並不以其分得之數額為限。且「於權利變更登記時,並應提出他共有人已為受領或為其提存之證明」,以證明其所得之價格已交付他共有人或已依法提存。其「因而取得不動產物權者,應代他共有人聲請登記」,所謂因而取得不動產物權者,指共有土地或建築改良物與他人的土地或建築改良物交換,因而取得不動產物權而言。於此場合,同意交換之共有人應代他共有人申請登記。

四、共有物之管理[25]

　　民法第820條規定:「①共有物之管理,除契約另有約定外,應以共

---

[25] 民國98年民法物權編所有權章修正時,對共有物之管理作了極大幅度的修訂,詳見溫豐文,〈論共有物之管理〉,《台灣法學》第135期,頁92以下。

有人過半數及其應有部分合計過半數之同意行之。但其應有部分合計逾三分之二者，其人數不予計算。②依前項規定之管理顯失公平者，不同意之共有人得聲請法院以裁定變更之。③前二項所定之管理，因情事變更難以繼續時，法院得因任何共有人之聲請，以裁定變更之。④共有人依第 1 項規定為管理之決定，有故意或重大過失，致共有人受損害者，對不同意之共有人負連帶賠償責任。⑤共有物之簡易修繕及其他保存行為，得由各共有人單獨為之。」據此，有關共有物之管理，若共有人訂有管理契約者，亦即有管理約定時，應先依其約定。共有人間未訂有共有物管理契約時，採多數決管理，亦即得透過多數共有人所為之管理決定來管理。至管理決定顯失公平或因情事變更致原定管理難以繼續時，得聲請法院以裁定變更之。而有關共有物之簡易修繕及其他保存行為，各共有人得單獨為之。以下就共有物之管理內容及管理方法之確定方式，分別從管理約定、管理決定與管理裁定等三種情形說明之。

(一)管理內容

通常所稱管理，乃指為維持標的物之物理機能，進而使其充分發揮社會的、經濟的功能而對之所為之一切經營活動而言。舉凡對標的物之保存、改良、利用以及處分、收益等均屬之[26]。惟民法第 820 條所規定之共有物管理，僅指共有物之保存、改良與利用而言[27]。共有物之使用、收益及共有物之處分、變更不包括在內。共有物之使用、收益應依民法第 818 條之規定處理；共有物之處分、變更則依民法第 819 條第 2 項之規定處理。茲說明其內容如下：

1.保存行為

---

[26] 舟橋諄一，《物權法》，有斐閣，1974 年，頁 383；梁慧星，《中國民法典草案建議稿附理由──物權編》，法律出版社，2004 年，頁 192。

[27] 林誠二教授認為管理行為，除保存行為（必要行為）、利用行為（收費行為，如出租）、改良行為（有益行為）外，還有奢侈行為。見氏著，《民法總則（下）》，瑞興圖書股份有限公司，2007 年，頁 56。

　　保存行為係指防止共有物毀損、滅失或使其權利免於喪失、限制，以維持共有物現狀為目的之行為，無論是事實行為或法律行為均包括在內❷❽。前者如修理阻塞之水管、更換破碎的門窗玻璃是。後者如變賣易於腐敗的物品，而移轉其所有權❷❾，或回贖出典之共有物（大理院10年上字第9號判例）是。保存行為乃為維持共有物原有效用及價值之行為，不僅對全體共有人有利，且多屬時機迫切，須急速為之，共有物原有之效用及價值方足於保全，因此民法第820條第5項規定，**得由各共有人單獨為之**。至因保存行為所支出之費用屬必要費用，得依民法第822條規定，向他共有人求償。

2.改良行為

　　改良行為係指不變更共有物之性質，以增加共有物之效用或價值為目的之行為。如在農地上客土整地，以利耕作，或將房屋加貼磁磚，以增美觀是。非簡易的修繕行為（一般修繕或重大修繕），亦包括在內。改良共有物，雖屬有益，但不若保存行為具有必要性，自不宜聽任共有人單獨為之。因此民法第820條第3項原規定：「共有物之改良，非經共有人過半數，並其應有部分已過半數之同意，不得為之。」修正條文對共有物之管理，於第820條第1項規定，除共有人有管理約定外，採多數決為之。換言之，現行條文捨棄舊條文的一致決。由於第820條第1項所定之「管理」，係上位概括規定，已可包括舊條文第3項之下位概念「改良」在內，因此舊條文第3項之規定已無實益，爰予刪除❸⓪。如此一來，

---

❷❽　史尚寬，《物權法論》，1979年，頁144；謝在全，《民法物權論（上）》，2004年，頁586。

❷❾　保存含有保全價值之意味，故易於腐敗之物有即速變賣之必要時，其變賣行為雖為處分，然在保全其價值之必要範圍，仍屬於保存行為。參閱黃右昌，《民法物權詮解》，三民書局，1965年，頁182；史尚寬，❷❼書，頁144；王澤鑑，❼書，頁354；謝在全，❺書，頁86。

❸⓪　鄭冠宇，〈民法物權編關於「共有」部分之修正簡析〉，《月旦法學》第168期，頁57。

改良行為與一般管理行為同受民法第 820 條第 1 項規範。至依民法第820 條第 1 項所為之改良行為，其所支出之費用得向他共有人請求分擔。但若不符第 820 條第 1 項之規定時，不僅不得向未同意之共有人請求分擔，而且亦不得本於不當得利之規定，請求償還。

3.利用行為

利用行為指以滿足共有人共同需要為目的，不變更共有物之性質，決定共有物使用收益方法之行為。實務上最常見者為共有物之出租或出借。應注意者，共有人決定共有物的使用收益方法與對共有物之使用收益是性質不同的二個問題，二者應予明辨區分[31]。申言之，對共有物之使用收益，依民法第 818 條規定:「各共有人，除契約另有約定外，按其應有部分對於共有物之全部，有使用收益之權。」但對共有物使用收益方法之決定，則屬共有物之管理，應依民法第 820 條規定處理。例如甲、乙、丙三人共有一棟房屋，應有部分分別為甲五分之三，乙、丙各五分之一，決定出租與否，應依民法第 820 條規定處理，即除契約另有約定外，應以共有人過半數及其應有部分合計過半數之同意行之，但其應有部分合計逾三分之二者，其人數不予計算。共有人依上開條文規定，倘決定出租，其租金則應依民法第 818 條之規定分配，即除契約另有約定外，甲有權獲得租金總額的百分之六十，乙、丙各獲得租金總額的百分之二十是。惟若共有人與第三人所訂共有物利用契約，不符第 820 條第1 項規定者，於該當事人間固屬有效，對他共有人則不生效力。例如上開案例，甲僅有五分之三的應有部分，卻擅將與乙、丙共有之房屋出租於丁時，因出租為負擔行為，出租人對租賃物不以有處分權為必要，此項租賃契約於甲、丁之間固屬有效，但對乙、丙不生效力。蓋乙、丙非契約當事人，自不受該契約之拘束也。果爾，倘甲已將共有房屋交付於丁使用，乙、丙得主張丁係無權占有，依民法第 767、821 條規定，對丁行使所有物返還請求權，請求返還共有物於全體共有人。於此情形，甲

---

[31]　我妻榮著，有泉亨補訂，❶書，頁 323；北川善太郎，《物權》，有斐閣，1996年，頁 111。

對丁則應負債務不履行之責任❸❷。

㈡管理方法之確定方式

共有物管理方法之確定方式，依民法第 820 條規定，有依共有人之契約定之（管理約定）者，有依共有人之多數決定之（管理決定）者，亦有依法院之裁定定之（管理裁定）者。茲分述如下：

1.管理約定

管理約定者，乃共有人全體以契約方式約定共有物之管理方法而言。依民法第 820 條第 1 項規定，**共有物之管理，先依共有人之契約定之，未定管理契約者，除簡易修繕及其他保存行為得由各共有人單獨為之外，依共有人之多數決行之。**共有人以契約約定共有物之管理方法時，基於私法自治原則，其內容究由共有人全體共同管理，或由共有人中之一人單獨管理，乃至委由他人代為管理，均無不可。實務上最常見者，厥為分管之約定，亦即俗稱的分管契約。

所謂分管契約，乃共有人約定各自分別就其共有物之特定部分，而為管理之契約。例如甲、乙、丙共有一筆土地，約定各自管理該地之某一特定部分而為使用收益是。茲分別就其成立、性質、效力與終止析述如次：

⑴分管契約之成立

分管契約之成立應由共有人全體共同協議定之，此項協議以明示或默示為之均可，並不以書面為必要❸❸。協議不成時，因民法第 820 條第 1 項所定共有物之管理係採私法自治原則，且我國民法未如德國民法第 745 條第 2 項、瑞士民法第 647 條第 2 項第 2 款等設有得請求法院裁判

---

❸❷　謝在全，❷❼書，頁 590。

❸❸　最高法院 83 年臺上字第 1377 號判決謂：「按共有物分管之約定，不以訂立書面為要件，倘共有人間實際上劃定使用範圍，對各自占有管領之部分，互相容忍，對於他共有人使用、收益、各自占有之土地未予干涉，已歷有年所，即非不得認有默示分管契約之存在。」

之規定，故不能由共有人訴請法院以裁判代之❸。

(2)**分管契約之性質**

分管契約之性質，學說不一，有債權契約說與物權契約說兩種不同見解。茲分述如下：

①**債權契約說**：此說認為分管契約之本質是共有人間就共有物管理之約定，非以發生共有關係上物權之變動為內容，亦非共有物上之物權負擔，故為債權契約❸。

②**物權契約說**：此說認為分管契約係為設定使用、收益或管理共有物之物權關係而為之特約，其法律性質，宜參照契約目的分別論斷之。即分管之約定係為管理共有物之原因行為時，宜解為「分管之債權契約」。惟在成立分管債權關係後，尚須有分管契約之用益權能或管理權能之「設定物權關係之合意」，此時，似可稱之為「分管之物權契約」。於設定物權關係之合意後，動產宜有占有或交付之表徵，不動產須有書面之物權契約與登記結合，始生完整的物權效力❸。

以上兩說，係以債權契約說為通說，本書從之。蓋分管契約乃共有人於共有關係上有關共有物管理方法之約定，而非以發生共有物之物權變動為目的之約定，一經訂立，即生效力，不待登記（或占有）。我國實務見解，亦採債權契約說❸。

(3)**分管契約之效力**

分管契約之效力可從內部效力與外部效力分別說明之：

❸ 最高法院 66 年度第 7 次民事庭會議決議；王澤鑑，❼書，頁 353；謝在全，❺書，頁 92。

❸ 謝在全，《民法物權論（上）》，2009 年，頁 547 以下；王澤鑑，❼書，頁 356。陳榮隆教授亦認為共有物之管理約定，其性質屬債權行為。請參閱陳榮隆，〈互動而成之新物權通則及所有權〉，《月旦法學》第 168 期，頁 27。

❸ 蔡明誠，〈共有物分管契約與物上請求權問題〉，《台灣本土法學》第 12 期，頁 87。又孫森焱先生亦曾主張分管契約係物權契約，見氏著《民法債編總論》，1988 年版，頁 7。

❸ 最高法院 83 年臺上字第 2544 號判決、86 年臺上字第 2098 號判決。

①**內部效力**：分管契約有拘束訂約當事人之效力，亦即各共有人應依契約所訂內容就分管部分為使用、收益及管理。因而凡屬契約範圍內之管理行為，除有特別限制外，均得自由為之。分管部分之改良、利用固無論矣，出租、出借亦在許可之列。申言之，分管部分之出租、出借，無庸其他共有人之同意，只是其條件應受分管契約之拘束而已，而他共有人亦應受此租賃或使用借貸契約之拘束（86 臺上 473），亦即他共有人對分管部分之承租人或借用人不得主張其係無權占有，而行使民法第767、821 條所定之物上請求權。至若處分，則非在分管契約效力之射程距離內，共有人讓與其分管部分之所有權，仍應得共有人全體之同意（17上 1179）。

②**外部效力**：分管契約之本質是債權契約，基於債權契約之相對性，其效力應僅及於訂約之當事人，不及於第三人。因此在理論上，分管契約對於應有部分之受讓人不具效力。

然則，為維持法律秩序之安定性，並顧及其他共有人之權益，最高法院 48 年臺上字第 1065 號判例認為：「共有人與他共有人訂立分割或分管之特約後，縱將其應有部分讓與第三人，其分割或分管契約對於受讓人仍繼續存在。」基此，分管契約，具有物權效力。上開判例嗣後經司法院大法官會議修正。釋字第 349 號解釋認為：最高法院 48 年臺上字第1065 號判例「就維持法律秩序之安定性而言，固有其必要，惟應有部分之受讓人若不知悉有分管契約，亦無可得知之情形，受讓人仍受讓與人所訂分管契約之拘束，有使善意第三人受不測損害之虞，與憲法保障人民財產權之意旨有違，首開判例在此範圍內，嗣後不再援用。」準此，分管契約對應有部分之受讓人有無拘束力，應視受讓人是否知悉分管契約存在或有無可得而知之情形而定。若受讓人明知或可得而知，即受其拘束；反之則否。這項解釋以受讓人之主觀認知作為分管契約對外生效與否之判斷標準，實難維護物權關係之安定性，不無缺失。

鑑此，民法物權編修正條文增訂第 826 條之 1，於第 1 項規定：**不動產共有人間關於共有物使用、管理之約定，於登記後，對於應有部分**

之受讓人具有效力。此一規定係以客觀之登記事實作為分管契約對外生效與否之判斷標準，較前述釋字第 349 號解釋所示標準客觀明確，似較妥當。惟如此一來，對我國土地登記制度將造成重大衝擊，因其所登記者為物權關係上之債權約定，而非不動產物權；且以登記為對抗要件，而非生效要件也❸。不過，應注意者，**動產共有人就共有物所為之管理約定，對於應有部分之受讓人仍以受讓人於受讓或取得時知悉其情事或可得而知者為限，即具有效力**（民 826 之 1 II）。

⑷分管契約之終止

　　分管契約因下列原因而終止：①訂有存續期限者，於期限屆滿時。②經全體共有人同意終止時。③共有人所分管之特定部分，因不可歸責於各共有人之事由致不能為使用、收益，且已不能回復者，依民法第 225 條第 1 項及第 266 條第 1 項規定，各共有人即免提供共有物特定部分予他共有人使用、收益之義務，此際分管契約當然終止（89 臺上 1147 判決）。④因情事變更難以繼續，法院得因任何共有人之聲請，以裁定變更之時（民 820 III）。⑤共有物分割時，分管契約當然終止。蓋共有物之分割，乃在消滅共有關係，共有關係既不存在，分管契約即無所附麗，失

---

❸　我國土地登記制度是採德、奧兩國的權利登記制，而與法、日兩國所採的契據登記制有別。權利登記制是登記不動產物權變動之權利，以登記為生效要件，登記機關對登記申請案須作實質審查，登記具有公信力。契據登記制則登記不動產物權變動之契據（契約書），以登記為對抗要件，登記機關對登記申請案僅作形式審查，登記不具公信力。民法第 826 條之 1 第 1 項所定共有物分管約定之登記為附隨於共有關係上債權約定之登記，因而顯已逸出了權利登記制之範疇，除此之外，民法物權編修正時，增訂第 836 條之 1（地上權預付地租之登記）、第 836 條之 2（地上權使用方法約定之登記）、第 838 條（地上權不得讓與約定之登記）、第 841 條之 2（區分地上權使用收益限制約定之約定）、第 850 條之 3（農育權不得讓與約定之登記）、第 873 條之 1 第 1 項（流抵約定之登記）及第 913 條第 3 項（典權附有絕賣條款之登記）等規定，亦然。這些規定，對我國土地登記制度造成重大衝擊。詳見溫豐文，〈論不動產登記〉，《中國房地產法研究》第 2 卷，頁 538 以下。

其存在目的也❸❾。

分管契約終止後，分管契約失其效力，共有物之使用、收益和管理，應回復分管前之狀態，其因分管契約而占有共有物之特定部分者，應返還於全體共有人，否則構成無權占有。又分管契約一經終止，共有物除因分割成為單獨所有外，其管理，依民法第 820 條第 1 項規定，改依多數決行之。

2.管理決定

管理決定者，乃共有人以多數決方式決定共有物之管理方法而言。 前已述及，依民法第 820 條第 1 項規定，共有物之管理，共有人訂有契約者，應先依其所訂契約為之，未訂有契約者，始依共有人之多數決行之。惟舊條文採一致決，規定：「共有物之管理，除契約另有訂定外，由共有人共同管理之。」以下即就管理決定應具備之條件、修正條文改採多數決之理由、管理決定之效力及不同意共有人之保護分別說明之：

(1)管理決定之條件

依民法第 820 條第 1 項規定，**以管理決定確定共有物之管理方法時，應符合下列條件之一：①共有人過半數及其應有部分合計過半數之同意。②應有部分合計逾三分之二者之同意時，其人數不予計算。** 所稱「共有人過半數及其應有部分合計過半數」，係指共有人人數及應有部分合計均須超過半數而言。至「應有部分合計逾三分之二者，其人數不予計算」，即凡應有部分合計超過三分之二時，縱使共有人人數未過半數，甚至僅有一人，仍得對共有物之管理為決定而言。共有物如為不動產，共有人人數及應有部分之計算，以土地登記簿上登記之共有人數及應有部分為準。但共有人死亡未辦繼承登記者，應以其繼承人人數及繼承人之應繼分計入計算。至於所稱「同意」，不拘於一定形式，如有明確之事實，足於證明已經為明示或默示之同意者，均屬之。

(2)修正理由

共有物之管理，現行條文將舊條文之共同管理（一致決管理），改為

---

❸❾　謝在全，❸❹書，頁 549。

多數決管理，其主要理由如下：

①**為促使共有物有效利用**：蓋因若依舊條文「共有物，除契約另有訂定外，由共有人共同管理之。」則共有人中只要一人不同意或有人遷徙他鄉，甚至行蹤不明，致難取得其同意時，共有物之管理，勢難順利進行，有礙共有物之有效利用。是以為促使共有物有效利用，增進社會經濟發展，外國立法例就共有物之管理，已傾向依多數決為之，如德國民法第745條、瑞士民法第647條之1、之2、日本民法第252條是❹。修正條文爰仿多數外國立法例，改採多數決管理❹。

②**為與共有不動產處分之多數決規定取得平衡**❹：土地法第34條之1第1項規定：「共有土地或建築改良物，其處分、變更及設定地上權、永佃權（農育權）、地役權（不動產役權）或典權，應以共有人過半數及其應有部分合計過半數之同意行之，但其應有部分合計逾三分之二者，其人數不予計算。」據此可知，共有土地之處分係採多數決。然則共有土地之出租屬共有物之管理，依民法第820條第1項舊條文規定，卻須由

---

❹ 德國民法第745條：關於符合共有物性質之正常管理和使用，得經過半數票決定之。前項過半數票，應按共有人之份額計算。

瑞士民法第647條之1：各共有人均有為通常管理行為之權利，如得為修繕、耕作、收穫、短期保管及監督，訂立有關此項契約，行使基於此項契約及使用租賃、收益租賃、承攬契約所生權利，並為全體共有人支付及受領款項之行為。關於前項管理行為，除法律就必要及緊急措施有規定外，得經共有人過半數之決定同意之。

瑞士民法第647條之2：比較重要之管理行為，如耕作方式或使用方法之變更，使用租賃及收益租賃契約之訂立及解除，土地改良之參與與管理人之選任，而其權限不屬於通常管理行為者，應經全體共有人過半數並其應有部分合計已過半數之同意為之。

日本民法第252條：關於共有物之管理事項，除前條情形外，按各共有人應有部分之價值，以其過半數決定之。但保存行為得由各共有人為之。

❹ 請見第820條之修正說明。

❹ 鄭冠宇，❷文，頁57。

共有人共同為之，顯然輕重失衡。蓋就利益衡量言，共有土地之處分對共有人權益之影響較出租為大，前者屬高度行為，依土地法第 34 條之 1 第 1 項規定，無庸全體共有人同意；後者屬低度行為，依民法第 820 條第 1 項舊條文規定，反須共有人全體共同為之，有違事理之衡平 **❸**。為匡正此項缺失，修正條文對共有物之管理因而改採多數決。

⑶管理決定之效力

依多數決所為之管理決定，其效力可從內部效力與外部效力分別說明之。**就內部效力言，管理決定有拘束全體共有人之效力，不問共有人對管理決定是否表示同意，均受其拘束。**此乃基於團體法之法理，而團體法法理乃本於多數決原則之故也 **❹**。於此情形，不同意管理決定之共有人，僅能依民法第 820 條第 2、4 項之規定，請求救濟，以保障自己之權利，其內容詳如後述。**就外部效力言，管理決定對第三人有無拘束力，因不動產與動產而有別。共有物如為不動產，其管理決定於登記後，對於應有部分之受讓人（如買受人、受贈人等）或取得物權之人（如地上權人、抵押權人等）具有效力；共有物如為動產，受讓人或取得物權之人對管理決定於受讓或取得時，知悉其情事或可得而知者，亦同**（民 826 之 1 I、II），反之則否。

⑷不同意共有人之保護

依多數決所定之共有物管理方法，全體共有人均受其拘束，已如前述。惟因民法第 823 條第 1 項規定，各共有人原則上得隨時請求分割共有物，因此共有人若不同意多數決所定之管理方法，得請求分割共有物或出讓其應有部分，以退出共有關係。職是，**以多數決所定管理方法，其適用對象，大抵以共有物性質或目的上不能分割，或者分割一時有其事實困難者為主。**惟不管如何，為防杜多數決之濫用，民法設有下述二項機制，以保護不同意共有人之權益，茲說明如下：

---

❸　謝哲勝，《財產法專題研究》，三民書局，1995 年，頁 156；溫豐文，**⓰**書，頁 122。

❹　謝在全，**㉞**書，頁 544。

①不同意共有人得聲請法院以裁定變更管理決定：依民法第 820 條第 2 項規定，多數決所定管理方法有顯失公平者，不同意共有人得聲請法院以裁定變更之。此項聲請，係依非訟事件程序為之，且僅限不同意之共有人始得聲請。所謂不同意之共有人，不問是持反對意見之積極不同意的共有人，或是未表示意見乃至未參與同意決定之消極不同意的共有人，均包括在內。至顯失公平係一不確定法律概念，其事實之有無，應由法院斟酌一切具體客觀情事，依社會一般觀念為標準判斷之❹⑤。例如甲、乙共有一筆土地，應有部分分別為甲四分之三，乙僅四分之一，甲自認其應有部分已逾三分之二，遂逕自決定該共有土地僅供其一人長期無償使用，該項決定，即屬顯失公平，乙得聲請法院以裁定變更之。

②為管理決定之共有人應負連帶損害賠償責任：依民法第 820 條第 4 項規定，共有人對共有物依多數決所為之管理決定，有故意或重大過失，致共有人受損害者，對不同意之共有人負連帶賠償責任。依此項規定所負之損害賠償責任為法定責任。惟共有人之行為，若符合侵權行為之要件者，仍應有一般侵權行為規定之適用。只是本項責任以故意、重大過失為負責事由，與一般侵權行為之不問過失輕重，均應負責相比，其責任程度顯然較輕❹⑥。又故意或重大過失之有無，應依同意之共有人之個別情形分別認定之，而非以同意共有人之全體為概括的認定，是宜注意。

3.管理裁定

所謂管理裁定，係指法院依共有人之聲請，以裁定方式變更共有物原定之管理方法而言。本來，共有物之管理，乃共有人內部間之法律關

---

❹⑤　楊與齡，《民法概要》，1985 年，頁 53。

❹⑥　按過失，依其責任程度之不同，分為重大過失、具體輕過失、抽象輕過失三種。所謂重大過失，乃欠缺一般人之注意。所謂具體輕過失，乃欠缺與處理自己事務為同一之注意。所謂抽象輕過失，乃欠缺善良管理人之注意。抽象輕過失注意程度高、責任重。具體輕過失注意程度低，責任輕。而重大過失之注意程度最低，責任最輕。

係，與公益無涉，應依私法自治原則，由共有人以契約定之或以多數決定之。然為避免多數決之濫用及因應情事變更，以保障全體共有人之權益，法院得因共有人之聲請，以裁定變更原定管理方法。其情形有二：

(1)因管理決定顯失公平之聲請變更

依民法第 820 條第 2 項規定，**依多數決所決定之管理方法，顯失公平者，不同意之共有人得聲請法院以裁定變更之**。其目的在防杜多數決之濫用，保護少數共有人之權益，前已述及，茲不贅述。

(2)因情事變更致原定管理方法難以繼續時之聲請變更

依民法第 820 條第 3 項規定，**共有人約定，決定或法院裁定之管理，因情事變更致難以繼續時，法院得因任何共有人之聲請，以裁定變更之**。所謂情事變更，乃法律關係發生後，為其基礎或環境之情事，於該法律效力完了前，因不可歸責於當事人之事由，致發生非當初所得預料之變更，如仍貫徹原定之法律效力，則顯失公平而有背於誠信原則者，即應認其法律效力亦得為相當變更之謂也 ❹。例如甲、乙、丙共有一筆土地，應有部分均等，透過約定或多數決決定或法院裁定各自分管該地之某一特定部分，嗣甲所分管之全部土地與乙所分管之部分土地，被政府徵收作為道路用地，則甲、乙甚至丙均得聲請法院以裁定變更原定管理約定、管理決定或管理裁定是。又如原定之管理，不問係基於共有人之約定、決定，或基於法院之裁定，係委由一共有人管理，嗣該共有人死亡時，亦然。

共有人聲請法院以裁定變更管理方法時，不問是基於管理決定顯失公平所為之聲請，或是基於情事變更致原定管理難以繼續時所為之聲請，均依非訟事件程序為之。但二者有下述兩點不同：**(1)聲請人不同**：前者之聲請人僅限於不同意管理決定之共有人；後者則任何共有人均得聲請。**(2)得聲請變更之管理不同**：前者得聲請變更之管理，僅限於共有人依多數決所決定之管理；後者得聲請變更之管理，除共有人多數決所決定之管理外，尚包括共有人所約定之管理及法院所裁定之管理。

---

❹ 鄭玉波，《民法債編總論》，三民書局，1980 年，頁 396。

　　至管理裁定之效力，與前述管理決定同。就內部效力言，全體共有人均受其拘束。就外部效力言，共有物如為不動產，管理裁定如經登記，對應有部分之受讓人或取得物權之人，具有效力。共有物如為動產，應有部分之受讓人或取得物權之人於受讓或取得時，對管理裁定如知悉其情事或可得而知者，亦同。

五、共有物費用之負擔

　　共有物之管理費及其他負擔，除契約另有約定外，應由各共有人按其應有部分分擔之（民 822 I）。所謂管理費，乃因管理共有物所支付之費用，包括保存、改良與利用等行為所生之費用。其他負擔包括公法上之負擔及私法上之負擔。前者如賦稅（共有土地之地價稅、共有房屋之房屋稅等）、土地重劃之重劃費用、工程費用或工程受益費等。後者如共有物之保險費，或共有物加害於他人而生之損害賠償等。此等費用或負擔之分擔，倘共有人訂有契約者，自應依其約定。未訂有契約者，應由各共有人按其應有部分比例分擔之。蓋各共有人既可對於共有物依其應有部分享受利益，自應就共有物所擔負之管理費、保險費及一切租稅捐款等，依其應有部分負清償之義務，以期權義之平衡。

　　共有人中之一人就共有物之負擔為支付，而逾其所應分擔之部分者，對於其他共有人得按其各應分擔之部分，請求償還（民 822 II）。例如甲、乙、丙共有土地一筆，應有部分均等，該地應繳納新臺幣三千元之地價稅，甲已先行完納，則甲得向乙、丙各請求償還新臺幣一千元是。問題是乙或丙如有未償還其應負擔之費用，而將其應有部分讓與他人時，甲得否向該應有部分之受讓人請求償還。對此，學說上有肯定、否定兩說，肯定說所持理由為：(1)此種求償權附隨於應有部分而存在，該應有部分既已移轉，自得對該應有部分之特定繼受人主張。(2)此種求償權對該應有部分之特定繼受人（如受讓人），亦得主張（大理院 4 年上字第 127 號判例，並參照日民第 254 條），所以保障共有人之墊款，俾對共有物善盡管理之能事，以期有益於社會經濟也❹⑧。否定說所持理由為：(1)此項費

用償還請求權係屬債權，於當事人間發生效力，非屬物上負擔，不因應有部分之移轉而當然移轉於受讓人。(2)此等費用是否發生，已否清償，應有部分受讓人難以查知，難免遭受不測之損害。(3)使受讓人負擔此項費用，課其注意有無此項負擔之義務，於清償後又發生向讓與人求償問題，增加交易成本，不合經濟原則❹。上述兩說，皆有所本，為杜爭議，民法第826條之1第3項規定：「共有物應有部分讓與時，受讓人對讓與人就共有物使用、管理或其他情形所生負擔連帶負清償責任。」是採肯定說。據此，應有部分之受讓人如已清償費用或負擔，自得依民法第280條但書規定向前共有人求償。

第三節　分別共有之外部關係

共有之外部關係，指共有人因共有物所生對第三人之權利義務關係，包括共有人對第三人之權利與共有人對第三人之義務。分述如下：

一、對第三人之權利

民法第821條規定：「各共有人對於第三人，得就共有物之全部，為本於所有權之請求。但回復共有物之請求，僅得為共有人全體之利益為之。」蓋共有係一個所有權被量的分割而分屬於數人之狀態，各共有人亦為所有人，應與所有人受同一之保護，故凡所有人基於所有權所得行使之權利，各共有人均得加以行使。所謂「本於所有權之請求」，實務上認係指民法第767條所規定之物權的請求權而言❺，即各共有人對於無權

---

❹ 鄭玉波著，黃宗樂修訂，⓮書，頁148；李肇偉，《民法物權》，1979年，頁225。

❹ 王澤鑑，《民法物權》，2009年，頁300。

❺ 最高法院28年上字第2361號判例：依民法第821條之規定，各共有人對於第三人，得就共有物之全部，為本於所有權之請求，此項請求權既非必須由共有人全體共同行使，則以此為標的之訴訟，自無由共有人全體共同提起之

占有或侵奪其共有物者，得請求返還之，對於妨害其共有物所有權者，得請求除去之，對於有妨害其共有物所有權之虞者，得請求防止之。

其中，**回復共有物之請求權，應為共有人全體之利益，始得為之**（民821但書）。茲所謂利益，乃客觀之法律上利益而言，至共有人主觀上有無行使共有物請求權之意思，則非所問（58臺上872）。因此，縱令一部分共有人為反對回復共有物之表示，其他共有人仍得向無權占有或侵奪共有物者，請求返還共有物。至其請求返還之對象應為共有人全體，不得僅請求返還於自己或請求交付於法院選任之保管人。此項請求，倘以訴訟方式為之時，聲明事項應為請求命被告將共有物返還於原告與其他全體共有人，若僅請求命被告將共有物返還於原告自己者，應將其訴駁回（37上6703）。申言之，共有人中之一人起訴時，只要在聲明中請求應將共有物返還於共有人全體，即係為共有人全體利益請求，無須表明全體共有人全體之姓名（84臺上339）。又此項訴訟請求係基於「為共有人全體之利益為之」之原因，自係民事訴訟法第401條第2項所謂「對於為他人而為原告者」，其判決之既判力應及於他共有人。其於取得勝訴判決之執行名義後，各共有人亦得為共有人全體之利益聲請強制執行，其他共有人縱未具名起訴，亦得據該判決聲請強制執行。

惟值注意者，所謂「本於所有權之請求」，學說上認為不以民法第767條所規定之物權的請求權為限，共有物如為不動產時，其因相鄰關係所生之權利，如危險損害預防請求權（民795）、自然流水之排水權（民775）、線管安設權（民786）、必要通行權（民787）等，亦包括在內❺。至於債權請求權，則不在民法第821條之射程距離內，蓋有關債權請求權，其給付可分者，如侵權行為損害賠償請求權或不當得利返還請求權，

必要。所謂本於所有權之請求權，係指民法第767條所規定之物權的請求權而言，故對於無權占有或侵奪共有物者，請求返還共有物之訴，得由共有人中之一人單獨提起，惟依民法第821條但書之規定，應求為命被告向共有人全體返還共有物之判決而已。

❺　姚瑞光，❻書，頁125；王澤鑑，❹❽書，頁301；謝在全，❸❹書，頁557。

各共有人僅得按其應有部分請求賠償或返還❷。至給付不可分者，如應以回復原狀之方法賠償損害者，依民法第 293 條第 1 項規定，各共有人亦得請求向共有人全體為給付，惟此乃債權性質之問題，與民法第 821 條規定之意旨無涉，故以債權請求權為標的之訴訟，無論給付是否可分，各共有人均得單獨提起之。

二、對第三人之義務

因共有物所生對第三人之義務，各共有人所應負之責任，依其義務性質而定。即義務性質可分者，如共有物之修繕費、保管費，以及因共有物所生之金錢損害賠償義務等，各共有人應按其應有部分對第三人負其責任❸。義務性質不可分者，如因出售共有物所負之交付義務，或因共有物所生之回復原狀損害賠償義務等，依民法第 292 條不可分債務準用連帶債務（民 273）之規定，各共有人對於第三人應負連帶責任❹。

---

❷ ⑴司法院 28 年院字第 1950 號解釋：共有物因侵權行為而滅失毀損之賠償
　　請求，固不在民法第 821 條規定之列，惟應以金錢賠償損害時，各共有人
　　得按其應有部分請求賠償。

　⑵最高法院 91 年臺上字第 607 號判決：按民法第 821 條規定各共有人固得
　　為共有人全體之利益，就共有物全部為回復共有物之請求，惟請求返還不
　　當得利，並無該條規定之適用，請求返還不當得利，而其給付可分者，各
　　共有人自得按其應有部分請求返還。

❸ 最高法院 18 年上字第 1645 號判例：兄弟共有之商店分歸一人時，僅該店嗣
　後所負債務與其他兄弟無涉，其於未分拆以前所負債務，仍應由各兄弟分任
　清償之責，兄弟間約明未分以前所負債務概歸分得之人負擔，在兄弟間之內
　部關係固非無效，而對於債權人，則非依債務承擔之法則，通知債權人得其
　同意，不能發生債權移轉之效力。

❹ 惟值注意者，孫森焱先生認為債務共有（共有債務）之效力，債務之共有人
　依共有關係負擔履行債務之義務，債權人亦惟有向債務人全體請求給付。惟
　如債務人中之一人履行全部債務即可符合債務本旨時，應認係就債之履行，
　有利害關係之第三人為清償，應適用民法第 312 條規定，是與不可分債務所
　以不同之處（詳見孫森焱，《民法債編總論・下冊》，2001 年，頁 930）。

第四節 共有物之分割

共有為民法上所定所有型態之一種，其消滅原因與所有權一般之消滅原因殆無差異，例如共有物滅失、讓與、公用徵收或他人時效取得等是。然共有為所有權之變體，不能無特別的消滅原因，例如共有人之應有部分，歸共有人之一人，或分割共有物是。惟共有關係因共有物歸共有人之一人而消滅，乃當然之理，不待明文規定。至因分割而消滅，於理論上及實務上均關係重要，各國皆詳定於民法，我民法亦不例外，自第 823 條至第 827 條設有明文。所謂分割，乃以消滅共有關係為目的之清算程序也。茲將分割請求權、分割之方法與分割之效力分述如下：

一、分割請求權

民法第 823 條第 1 項前段規定，各共有人得隨時請求分割共有物，是知民法對共有物採分割自由原則、各共有人對共有物有分割請求權。此項規定，旨在消滅物之共有狀態，以利融通與增進經濟效益。蓋共有於改良共有物不無妨礙（例如甲共有人欲改良，而乙共有人不欲是），且於共有物之融通亦多阻塞（例如欲賣共有物非各共有人同意不得為之，而得各共有人同意，其事甚難），國家經濟既受損害，並易啟各共有人彼此之爭論，故法律不能不賦予各共有人隨時請求分割之權，使共有關係容易消滅，於公於私，皆有裨益也❺❺。

(一)意義與性質

共有物分割請求權，乃各共有人隨時得以一方之意思表示，請求與他方共有人終止共有關係之權利。其性質如何？學說不一，主要有請求權說與形成權說兩不同見解。茲分述如下：

1.**請求權說**：此說認為共有人請求分割，具有要約其他共有人共同

---

❺❺　請參閱民法第 823 條之立法理由。

協議共有物之分割方法，以消滅共有關係之性質。共有關係既未因此請求分割而消滅，不欲分割之其他共有人亦未因該意思表示而負擔應為同意分割之義務，故其性質應屬請求權，而非形成權❺❻。

　　2.**形成權說**：此說認為共有物分割請求權之行使，在使他共有人負有與之協議分割方法之義務，於不能或不為協議時，得以訴訟請求定其分割方法。亦即因共有人一方之意思表示，即足使共有人間發生應依某一方法分割共有物之法律關係，故其性質為形成權❺❼。

　　以上二說，**形成權是通說❺❽，實務見解採之**。最高法院 29 年上字第 1529 號判例認為：「共有物分割請求為分割共有物之權利，非請求他共有人同意分割行為之權利，其性質為形成權之一種，並非請求權。民法第 125 條所謂請求權，自不包含共有物分割請求權在內。」基此，**共有物分割請求權，不適用關於消滅時效之規定**，蓋請求權始為消滅時效之客體，形成權非消滅時效之客體也。惟即使採請求權說，亦不生罹於時效問題，因共有物分割請求權係與共有關係俱存之權利，共有人得隨時提出之故。

㈡分割之限制

　　前已述及，共有物以自由分割為原則，禁止分割為例外。禁止分割即分割之限制，其情形有三：

　　1.**法令設有限制分割之規定者**：民法第 823 條第 1 項前段規定，各共有人，除法令另有規定外，得隨時請求分割共有物。其中所謂「除法令另有規定外」，乃對共有物分割之自由設除外規定。關於限制共有物分

---

❺❻　陳榮傳，〈共有物分割請求權是否為形成權?〉，蘇永欽編，《民法物權爭議問題研究》，五南圖書出版公司，1999 年，頁 232。

❺❼　鄭玉波著，黃宗樂修訂，❶❹書，頁 150；謝在全，❸❹書，頁 564；吳光明，《物權法新論》，新學林出版股份有限公司，2006 年，頁 211。

❺❽　共有物分割請求權之性質不僅我國通說採形成權說，日本通說亦然。詳見川島武宜編，❶❶書，頁 334。

割之法令，例如民法第 1165 條第 2 項規定：遺囑禁止遺產分割者，其禁止效力以十年為限。第 1166 條第 1 項規定：胎兒為繼承人時，非保留其應繼分，他繼承人不得分割遺產。遺產及贈與稅法第 8 條第 1 項前段規定：遺產稅未繳清前，不得分割遺產、交付遺贈或辦理移轉登記。又如為防止土地細分，影響經濟效用，土地法第 31 條第 1 項規定：直轄市或縣（市）地政機關於其管轄區內之土地，得斟酌地方經濟情形，依其性質及使用之種類為最小面積單位之規定，並禁止其再分割。共有土地之分割倘有違反此項規定，自應認屬無效，縱當事人無異議，亦然（65 臺上 563）。農業發展條例第 16 條第 1 項前段亦規定：每宗耕地分割後，每人所有面積未達〇‧二五公頃者，不得分割等是❺❾。惟上開防止土地細分之規定僅限制原物分配之分割方法，變價分配之分割方法不在限制之列。變賣整筆共有土地，以價金分配於共有人，並不發生細分情形，是以共有人請求採變賣共有物分配價金之分割方法，並非不得准許（64 臺上 420）。

　　2.因物之使用目的不能分割者：此為民法第 823 條第 1 項但書規定。所謂因物之使用不能分割者，指共有物繼續供他物之用而為其物之利用所不可缺，或為一權利之行使所不可缺者而言（50 臺上 970）。其中，為他物之利用所不可缺者，如界標、界牆、共有道路是；為一權利之行使

---

❺❾ 依農業發展條例第 16 條規定，每宗耕地分割後，每人所有面積未達〇‧二五公頃者，雖不得分割。但有下列情形之一者，不在此限：一、因購置毗鄰耕地而與其耕地合併者，得為合併分割；同一所有權人之二宗以上毗鄰耕地。土地宗數未增加者，得為分割合併。二、部分依法變更為非耕地使用者，其依法變更部分及共有分管未變更部分得為分割。三、本條例中華民國 89 年 1 月 4 日修正施行後所繼承之耕地，得分割為單獨所有。四、本條例中華民國 89 年 1 月 4 日修正施行前之共有耕地得分割為單獨所有。五、耕地三七五租約、租佃雙方協議以分割方式終止租約者，得分割為租佃雙方單獨所有。六、非農地重劃地區，變更為農水路使用者。七、其他因執行土地政策，農業政策或配合國家重大建設之需要，經中央目的事業主管機關專案核准者，得為分割。

所不可缺者，如共有契據是，上述之物必須維持共有關係，始能達其使用目的，一經分割，即失其效用，因此不許請求分割。又區分所有建築物之共同使用部分（如公共電梯、走廊、太平梯、車道、亭子腳等）為各區分所有人利用該建築物所不可或缺，其性質亦屬於因物之使用目的不能分割者（釋358）。

　　3.契約訂有不分割之期限者：此亦為民法第823條第1項但書所規定。共有人訂有不分割之契約者，自應依其約定。惟**其期限不得逾五年，逾五年者，縮短為五年。但共有之不動產，其契約訂有管理之約定時，不分割之期限，不得逾三十年；逾三十年者，縮短為三十年**（民823 II）。蓋以特約訂明於一定之期間內，不得請求分割，其期間不宜過長，使社會經濟轉形濡滯，故以五年為限。惟不動產利用恆須長期規劃且達一定經濟規模，始能發揮其效益，若共有人間就共有之不動產已有管理之協議時，該不動產之用益已能圓滑進行，共有制度無效益之問題足可避免，是法律對共有人此項契約自由及財產權之安排，自應充分尊重，因而放寬約定不分割之期限至三十年。

　　上述期限屆滿能否更新？學說上有正反兩說。持肯定說者認為：期限之更新，乃重新締約，當事人自有衡量，似無禁止之必要❻⓪。持否定說者認為：永久禁止分割共有物，於社會經濟非十分有利，契約訂有不分割之期限者，期滿後應不得更新，以免形成永久禁止分割之效果❻①。以上兩說，以採肯定說較妥。蓋共有人縱訂有不分割之特約，若因重大事由主張分割為有利益時，仍得隨時請求分割（民823 III）。因而期滿之更新，應無禁止之必要，只是其期限應受不得逾五年及三十年之限制而已。至所謂「重大事由」，係指法院斟酌具體情形認為該共有物之通常使用或其他管理已非可能，或共有難以繼續之情形而言。例如共有人之一所分管之共有物部分已被徵收，分管契約之履行已屬不能或分管契約有其他消滅事由等是。

---

❻⓪　姚瑞光，❻書，頁130；王澤鑑，❹⑧書，頁306。

❻①　李肇偉，❹⑦書，頁228；謝在全，❸④書，頁565。

禁止分割特約，本質上屬於物權（共有）關係上的債權約定，基於債之相對性，在理論上，對應有部分之買受人、受贈人等特定繼受人應不生效力。惟為保持原約定之安定性，新修正民法，增訂第 826 條之 1，規定禁止分割約定在一定條件下，具有物權效力。即**不動產共有人間關於禁止分割之約定，於登記後，對於應有部分之受讓人或取得物權之人，具有效力。若為共有動產，對其應有部分之受讓人或取得物權之人，以受讓或取得物權時知悉其情事或可得而知者為限，亦同。**

二、共有物之分割方法

共有物之分割方法有二，一為協議分割，一為裁判分割，分述如下：

㈠協議分割

民法第 824 條第 1 項規定：「共有物之分割，依共有人協議之方法為之。」**協議分割者，乃共有人於審判外，依全體合意之方法，以消滅共有關係之行為**，有省費、和諧、迅速之效益。其法律性質為法律行為，既為法律行為，則須有行為能力者，始得為之，無行為能力人未由法定代理人為之代理，與夫限制行為能力人未得法定代理人之允許而參與協議者，前者之意思表示無效，後者之意思表示非經法定代理人之承認，不生效力（40 臺上 1563）。

1.協議分割之程序

共有物之協議分割，在程序上有兩個步驟：一為協議分割之約定，二為協議分割約定之履行。

⑴協議分割之約定：協議分割之約定又稱分割協議，指共有人就共有物之分割方法之意思表示相互合致而言，**屬債權行為（負擔行為）**，不以書面為必要，凡有明示或默示之意思表示，對分割之方式為事前之同意或事後之同意者，均可認為協議分割之約定（43 臺上 952）。分割協議，非分割決議，應得共有人全體同意，始能有效成立。是以共有不動產之協議分割，不適用土地法第 34 條之 1 第 1 項多數決之規定（74 臺上

2561、土地法第三十四條之一執行要點 3 參照）。

⑵**協議分割約定之履行**：指基於分割協議，各共有人得請求他共有人履行，以取得單獨所有權而言，屬物權行為（處分行為）。在不動產須訂立書面契約並經分割登記，在動產須經交付始生效力（民 758、761）。協議分割約定後，他共有人若不履行契約，得訴請其履行。惟值注意者，**共有物協議分割履行請求權是債權請求權，與前述共有物分割請求權具有形成權之性質不同，故有民法第 125 條規定之適用，因十五年間不行使而消滅**（67 臺上 2647）。

2.**協議分割之方法**

共有物協議分割之方法，依私法自治原則，得由共有人自由約定之。約定之內容為何？法無限制，只要不違反強制規定或禁止規定，亦即不違反禁止分割之規定，均無不可。其具體方法主要有以下三種：

⑴**現物分割**：此為協議分割最常見之方法。各共有人以共有物現狀協議分割時，原則上應按其應有部分比例為之。未按應有部分比例分割，雖無不可，但發生權利移轉問題。例如共有土地之分割，共有人因分割所取得之價值，與依其應有部分所算得價值較少，而未受補償時，自屬無償移轉之一種，應向取得土地價值增多者，就其增多部分課徵土地增值稅（釋 173）；反之，共有人因分割所取得之價值，與依其應有部分所算得之價值較少而受補償時，則屬有償移轉之一種，應向取得價值較少者，課徵土地增值稅。

⑵**變價分割**：即出賣共有物分配其價金而言。各共有人於出賣共有物後，就價金債權成立準共有關係，必俟將所得價金按應有部分比例分配後，共有關係始歸消滅。

⑶**價金補償**：即由共有人中之一人取得共有物之單獨所有權，並由該共有人以價金補償他共有人而言。此種分割方法，本質上是共有人間互為應有部分之買賣，有關應有部分之移轉與價金之支付等應依買賣之機制處理之❷。

---

❷　我妻榮著，有泉亨補訂，⓫書，頁 332。

3.協議分割約定之效力

⑴對內效力：協議分割契約成立後，各共有人均受其拘束，即應依協議之內容履行，以終止共有關係。共有人中倘有不依約履行者，得訴請其履行。此項訴訟之性質為給付之訴。因訴訟標的對於共有人全體必須合一確定，故為固有的必要共同訴訟。各共有人起訴請求他共有人履行協議分割契約，所為應受判決事項之聲明，應為命各共有人依協議分割契約所訂分割方法按其應有部分互相協同辦理分割登記❸。申言之，共有人就共有物已訂立協議分割契約者，縱使拒絕辦理分割登記，當事人亦僅得依約請求履行是項登記義務，而不得訴請法院按協議之方法，再為分割共有物之判決（59 臺上 1198）。亦不得更行提起請求裁判分割共有物之訴。惟不動產共有人於協議分割後，對於他共有人請求交付及辦理分割登記請求權之消滅時效業已完成，若共有人中有人以之為抗辯而拒絕履行，應認各共有人固有的共有物分割請求權因而回復，自得提起請求法院裁判分割共有物之訴（民 824 II）。

⑵對外效力：協議分割之約定對應有部分之受讓人有無拘束力？此一問題與前述分管契約相同，在民國 98 年民法物權編增訂第 826 條之 1 前，實務見解前後不一，為維持法律秩序之安定性，最高法院 48 年臺上字第 1065 號判例曾認為:共有人於與其他共有人訂立共有物分割之特約後，縱將其應有部分讓與第三人，其分割契約對於受讓人仍繼續存在。據此，應有部分之受讓人應受分割契約之拘束。惟為保護應有部分之善意受讓人，上開判例之見解，於民國 83 年時，為司法院大法官會議解釋所修正。依釋字第 349 號解釋意旨，應有部分之受讓人若不知悉有該項特約，亦無可得而知之情形時，即不受該特約之拘束。民法物權編所有權章修正時，增訂第 826 條之 1，規定:共有不動產之分割契約，於登記後，對於應有部分之受讓人或取得物權之人，具有效力。共有動產之分割契約，對於應有部分之受讓人或取得物權之人，以受讓或取得時知

---

❸　吳明軒，〈請求履行共有物協議分割契約之訴〉，《月旦法學教室》第 51 期，頁 11。

悉其情事或可得而知者為限，亦具有效力。據此，協議分割之約定，對於應有部分之受讓人有無拘束力，在不動產應視協議分割之約定有無登記，在動產則視受讓人受讓時是否善意而定。申言之，在不動產，協議分割之約定未經登記者，在動產，受讓人不知有協議分割之約定存在者，不受其拘束。

4.共有不動產之調處分割

土地法第 34 條之 1 第 6 項規定：「依法得分割之共有土地或建築改良物，共有人不能自行協議分割者，任何共有人得申請該管直轄市、縣（市）地政機關調處。不服調處者，應於接到調處通知後十五日內向司法機關訴請處理，屆期不起訴者，依原調處結果辦理之。」依此條文，有關共有不動產之分割方法，除民法所定協議分割與裁判分割外，形式上又增加調處分割一種。其立法目的在於便利解決共有人間之不動產糾紛，以促進土地利用，並疏減訟累。惟茲所謂調處分割係地政機關積極參與本來無法達成分割協議之共有物分割，使共有人間能達成協議而已，因此實質上仍係共有物之協議分割[64]。

共有不動產之調處分割，實際上係由直轄市或縣（市）政府不動產糾紛調處委員會司其職，它非提起分割共有物之訴的前置程序，不經調處分割，逕行訴請法院裁判分割，亦為法所許。又調處分割縱然成立，亦不得作為強制執行法第 4 條所規定之執行名義[65]。

㈡裁判分割

民法第 824 條第 2 項規定：「分割之方法不能協議決定，或於協議決定後因消滅時效完成經共有人拒絕履行者，法院得因任何共有人之請求，命為下列之分配：一、以原物分配於各共有人。但各共有人均受原物之分配顯有困難者，得將原物分配於部分共有人。二、原物分配顯有困難

---

[64] 依土地法第 34 條之 2 規定，共有不動產之調處分割，係由直轄市或縣市政府之不動產糾紛調處委員會司其職。

[65] 溫豐文，[16]書，頁 130。

時，得變賣共有物，以價金分配於各共有人；或以原物之一部分分配於各共有人，他部分變賣，以價金分配於各共有人。」依上開規定，共有人間就共有物之分割不能協議決定或協議決定後不能履行者，得訴請法院裁判分割。說明如下：

1.裁判分割之原因

依民法第 824 條第 2 項前段規定，裁判分割之原因有二：

⑴**分割之方法不能協議決定者**：亦即共有人對於共有物之分割方法無從達成協議之情形而言。包括共有人不願協議，或雖願協議，但協而不議或議而不協，均得請求裁判分割，以符民法第 823 條第 1 項各共有人得隨時請求分割之立法意旨。換言之，**訴請法院裁判分割，係以共有人不能協議分割為要件，未經協議前，不得遽行起訴**。惟實務上，認為共有人未經協議分割，逕行提起共有物分割之訴，若被告之共有人對分割與否或方法有所爭執時，法院尚不得以未經協議分割為由，駁回原告分割之請求 ❻❻ 。準此以言，未經協議分割，並非當然不得提起分割共有物之訴 ❻❼ 。

⑵**於協議決定後，因消滅時效完成經共有人拒絕履行者**：前已述及，共有物分割協議履行請求權係債權的請求權，有民法第 125 條之適用，因十五年期間不行使而消滅。時效完成後，共有人請求依協議之方法分割，經他共有人以時效完成為由提出抗辯而拒絕履行時，協議分割之目的將無由達成，若不許裁判分割，則共有狀態將永無消滅之可能，此與民法第 823 條第 1 項前段旨在消滅物之共有狀態的立法精神相悖，因此，此際應認為共有人得訴請法院裁判分割（81 臺上 2688）。民法物權編修

---

❻❻ 最高法院 29 年上字第 472 號判例：原判決雖謂共有物之分割，應依共有人協議之方法行之，上訴人不得逕向法院訴請分割。然被上訴人主張西南角之田八十畝、西北角之田三十畝均應歸伊所有，不願與上訴人分割，既為原判決所認定之事實，則兩造不能協議決定分割之方法，已甚明顯，上訴人依民法第 824 條第 2 項訴請分割，尚非法所不許。

❻❼ 謝在全，❸❹書，頁 575。

正時，將於協議決定後，因消滅時效完成經共有人拒絕履行者，增列為裁判分割之原因，其旨在此。

2.分割共有物之訴

共有人請求以裁判分割共有物之訴訟，一般稱之為「分割共有物之訴」，茲將訴之當事人與訴之性質分述如下：

⑴訴之當事人

分割共有物之訴，得參與之當事人，以共有人為限，共有人以外之人均非適格之當事人。因共有物分割為廢止共有關係，對於共有人全體均有利害關係，因此不論在單一訴訟或共同訴訟型態，均須由共有人全體為之。是以提起共有物分割之訴，必須由同意分割之共有人全體一同起訴，並以反對分割之其他共有人全體為共同被告，始為合法（30 上 135、37 上 7366）。如共有人中有人不反對分割，又不願共同起訴者，仍應將之列為被告，於當事人之適格，始無欠缺（32 上 4986）。至是否為共有人，在不動產係以土地登記簿上之登記為準，如果共有人已將其應有部分讓與他人，在辦妥所有權移轉登記前，受讓人仍不得以共有人之身分參與共有物之分割（67 臺上 3131）。要言之，**分割共有物訴訟之原告，乃為同意分割且欲起訴之共有人，被告則為：①不同意分割、②不同意原告分割方法，及③同意原告分割方法但不願起訴之共有人❻❽。**

又法院裁判分割共有物而以原物分配各共有人時，係使共有關係變更為單獨所有，其性質為共有人間應有部分之交換，自屬處分行為，如係變賣共有物以價金分配於共有人，即係以處分共有物為分割之方法，均以共有人之處分權存在為前提，如果共有人就共有物並無處分權可資行使，法院即無從基此為裁判分割。是以未辦理繼承登記之不動產，依民法第 759 條規定，自不得處分該應有部分，如未先行或同時請求辦理繼承登記，逕訴請裁判分割共有物，即有未當（69 臺上 1134）❻❾。

---

❻❽　謝在全，❸❹書，頁 574。

❻❾　最高法院 68 年度第 13 次民事庭會議㈡附帶決議：共有物之分割性質上為處分行為，不因協議分割或裁判分割而有不同，依民法第 759 條規定，共有不

分割共有物之訴，法、日民法賦予利害關係人（如共有土地之地上權人、抵押權人或各共有人之債權人等）得以自己費用參加之權（法民882、日民 260），使其得以陳述意見，以保護自己權益。我民法對此未設明文，但利害關係人仍得依民事訴訟法第 58 條至第 67 條之規定參加訴訟。

⑵訴之性質

分割共有物之訴的性質有二：

①固有必要共同訴訟：共有物之分割為廢止共有關係，對於共有人全體有利害關係，其訴訟標的對共有人全體必須合一確定，故須由同意分割之共有人為原告，其餘共有人全體為被告，合兩造成一個固有必要共同訴訟。是否為共有人以事實審言詞辯論終結時之共有狀態為準。惟起訴時為共有人，而於訴訟進行中，將其應有部分讓與他人者，於訴訟無影響（民訴 254 I 前段）。

②形成訴訟：分割共有物之訴，係請求法院決定共有物分割之方法，以判決消滅共有關係，因係創設共有人間的權義關係，故為形成之訴，所為之判決為形成判決，蓋形成判決，始具有創效力也（43 臺上 1016）。分割共有物之訴，係以共有物分割請求權為其訴訟標的，法院認為原告請求分割共有物為有理由時，即應依民法第 824 條第 2 項之規定定其分割方法，不可將之分為「准予分割」及「定分割方法」二訴（88 臺上 910判決）。蓋分割共有物之訴，當事人對於兩造間就共有物之應有部分、消滅共有關係及對造有請求分割共有物之權利等事項，常無爭執，所爭執者厥為分割方法不能達成協議，因此在訴訟形式上，當事人雖係以請求法院分割共有物而提起訴訟，但實際上係請求決定分割方法。故嚴格言之，當事人所爭執者，為分割方法之事實關係，而非法律關係，法院以判決形成者，乃共有物之分割方法，是以學說稱分割共有物之訴為「形式上之形成之訴」，以與一般形成之訴相區別❼。

動產之共有人中有人死亡時，於其繼承人未為繼承登記前，不得分割共有物。

❼　奈良次郎，〈共有物分割の訴について〉，《判例タイムズ》580 號，頁 13；

3.裁判分割之原則

法院定共有物之分割方法，不受當事人主張之拘束，應斟酌各共有人之利害關係、使用情形、共有物之性質及價值，符合公平正義原則決之，始謂適當（88 臺上 1768 判決）。換言之，法院就分割方法之決定，故有自由裁量權，惟其裁量權之行使，並非漫無限制，亦須以其方法適當者為限。若逸離公平適當原則，其判決即非允當，仍屬違法。具體而言，法院裁判分割須符合下列原則 ❼：

⑴**消滅共有原則**：分割共有物，以消滅共有關係為目的，法院裁判分割共有土地時，除因該土地内，部分土地之使用目的不能分割（如為道路），或部分共有人仍願維持其共有關係外，應將土地分配於各共有人單獨所有，以消滅共有關係（69 臺上 1831）。不得將共有物之一部分歸共有人共有，使創設另一新共有關係❼。

⑵**原物分配原則**：法院以判決定共有物之分割方法，原物分配與變價分配，孰為適當，固有自由裁量之權，然須先就原物分配，於原物分配有困難時，始得變賣共有物，以價金分配於各共有人，而就原物分配時，如發現共有人中有不能按其應有部分受分配者，得以金錢補償之（51臺上 271） ❼。

陳計男，〈論共有物分割之訴〉，《法令月刊》第 34 卷第 12 期，頁 13；陳河泉，《共有土地分割之研究》，東海大學法律研究所碩士論文，1995 年 12 月，頁 73。

❼　楊與齡，〈分割共有物之基本原則〉，《民事判解介紹例題試解彙編》，法務通訊社，1982 年，頁 36 以下；尤重道，《共有不動產處分之理論》，永然文化出版股份有限公司，1999 年，頁 125 以下；陳河泉，❻論文，頁 90 以下。

❼　請參閱最高法院 88 年臺上字第 1932 號判決。

❼　最高法院 88 年臺上字第 1887 號判決：惟按共有物之分割方法，固可由法院自由裁量，但亦須以其方法適當者為限。又共有物之分割方法，須先就原物分配，於原物分配有困難，則予變賣，以價金分配於各共有人。……原審就前揭系爭土地之性質及全體共有人之意願，恝置不論，遽以變價分配方法分割系爭土地，依照上開說明，其所採分割方法自屬可議。

⑶**維持現狀原則:** 法院裁判分割共有物，固不受分管契約之拘束，惟共有人就共有物已劃定範圍，各別使用，如在分割共有物時，再予變更，對於各共有人及社會經濟常有損害，故原則上應盡量依共有人使用現狀定分割方法，以維持現狀，減少共有人所受損害❼。亦即原則上應按照各共有人原有使用範圍分割，始為適當。惟非謂各共有人不問其占有多少，概分予之，仍應依其應有部分多寡而定。

⑷**提高價值原則:** 共有物之分割，應注意提高其經濟價值，故土地之分割，應注意坵形之完整及最小單位面積之限制❼。定共有物之分割方法，若以原物分配時，受分配人因分得之土地過小變成畸零地而不能利用者，對該受分配人或社會言，均係損害，難謂該分割方法適當❼。換言之，各共有人分得之土地不得小於最小單位面積，縱共有人事先聲明願分得畸零土地者，亦不應准許❼。若共有人之應有部分小於最小面積單位者，法院應考量另以變價分配或金錢補償之方法分割之。

⑸**質量均等原則:** 分割共有物應使分割後各部分之經濟價值與各共有人應有部分之比值相當，亦即須質量均等，始能謂為適當❼。所謂「質」指價值高低，所謂「量」指數量多寡（或面積大小）而言。申言之，關於共有土地之分割，如依原物之數量（原土地之面積）按其應有部分之比例分配，價值顯不相當者，依其價值（地價高低）按其應有部分比例

---

❼ 最高法院 91 年臺上字第 805 號判決: 按法院裁判分割共有物，須斟酌各共有人之利害關係，使用情形，共有物之性質及價值、經濟效用、符合公平經濟原則，其分割方法始得謂為適當。又分割共有物固不受分管契約之拘束，惟盡量依各共有人使用現狀定分割方法，以維持現狀，減少共有人所受損害，當不失為裁判分割斟酌之一種原則。

❼ 請參閱最高法院 53 年臺上字第 1993 號判決。

❼ 請參閱最高法院 91 年臺上字第 1342 號判決。

❼ 惟有不同意見，陳計男先生認為共有人若事先聲明，願分得畸零土地，則可將共有土地分割使其成為畸零地。詳見陳計男，❻文，《法令月刊》第 34 卷第 12 期，頁 16。

❼ 請參閱最高法院 94 年臺上字第 1149 號判決。

分配，仍不失為以原物分配於各共有人。準此以言，各共有人分得數量縱屬相等，而其價值不等，或分得數量較少而其價值反高者，均應以金錢補償他共有人，以期公平。

4.裁判分割之方法

　　關於共有物之分割方法，於協議分割時，係採私法自治原則，民法對之並無任何限制。但在裁判分割，**法律明定二種基本分割方法：一為原物分割，二為變價分割**。此外，新修正民法增訂有關共有數個不動產合併分割之規定，以下分述之：

⑴原物分割

①原物分割之基本方法

　　原物分割之基本方法，即以原物分配於各共有人（民 824 II ①前段）。一般而言，共有物為可分物，即以原物分割並無困難，且其價值復不因分割而減損時，採用此種分割方法❼⑨。例如土地、布疋、蛋糕等之分割是。原物分配應按應有部分之比例為之。基於前述質量均等原則，其方法包括以原物之數量（如土地面積）按應有部分比例分配，或以原物換算價值後，按應有部分比例分配❽⓪。前者如甲、乙共有一地，應有部分各二分之一，將其分成均等的兩半，各得其一是。後者如甲、乙共有土地四百坪，應有部分各二分之一，其中，臨路地有兩百坪，每坪值兩萬元，其餘土地每坪值一萬元，共有地總價六百萬元，按其應有部分計算，甲、乙每人可分得三百萬元土地，故分得臨路地者只可得一百五十坪，其餘兩百五十坪土地歸另一共有人分得是❽①。至於各共有人應分配之部

---

❼⑨　物依其性質及價值是否因分割而變更或減少者，分為可分物與不可分物。前者指其性質不因分割而變更，其價值不因分割而減少，如米、油、金錢是；後者恰與可分物相反，如牛、馬、鐘錶是。

❽⓪　謝在全，❸④書，頁 577。

❽①　臺灣民間習慣，建地係以「坪」為計算單位，「坪」是日治時期，日本人留下來的建地面積計算單位。一坪等於三‧三〇五七平方公尺。農地則以「甲、分、厘」為計算單位，採十進位，是荷據時期荷蘭人留下來的農地面積計算

分為何，應由法院裁量決之，不得委由共有人抽籤決定**❷**。

②原物分割之補充方法

原物分割之補充方法有三：一、原物分配兼金錢補償。二、原物分配兼變價分配。三、部分原物分配、部分維持共有。說明如下：

A. 原物分配兼金錢補償

民法第 824 條第 3 項規定：「以原物為分配時，如共有人中有未受分配者或不能按其應有部分受分配者，得以金錢補償之。」是知採**原物分配兼金錢補償之分割方法，係於原物分割時，共有人中有未受分配者或有不能按其應有部分受分配者，始得為之。**

⑷所謂未受分配者，乃指民法第 824 條第 2 項第 1 款但書所定各共有人均受原物之分配顯有困難者，得將原物分配於部分共有人，致共有人有未受分配之情形而言。例如甲、乙、丙共有土地一百坪，甲、乙的應有部分各百分之四十九，丙的應有部分僅百分之二，若以原物分配予各共有人，丙僅能分得二坪價值之土地，小於法律所定最小建築面積單位，不符經濟利用價值。是可將該共有土地分歸甲、乙各取一半，並由甲、乙以金錢補償丙，以維公平。

⑸所謂共有人有不能按其應有部分受分配者，指共有人不能按其應

單位，一甲等於〇‧九六七七公頃。

❷ 最高法院 58 年臺上字第 1510 號判決：「共有物之分割方法，不能協議決定者，法院因共有人之聲請，得以原物分配於各共有人，或變賣共有物，以價金分配於各共有人。以原物分配時，如共有人中有不能按其應有部分受分配者，乃以金錢補償之，民法第 824 條定有明文，是除此之外，法律並未賦予法院得酌定其他方法而為分割。……本件原判決准兩造共有之系爭土地，各自東南至西北方向，分別為如判決附圖所示之四等份，由兩造共有人以抽籤方法，各取得其中一份，並相互協調辦理分割登記，無異認分割共有物，可不由法院於判決中予以分割，自非法之所許。」惟對此問題，國內學者有持不同見解者，認為我國民法就此問題，雖無明文之規定，但應與德國民法第 752 條第 2 項：「共有人間為均等部分之分割，經抽籤決定之」之規定作同一解釋。詳見張龍文，〈論分別共有物之分割〉，《法學叢刊》第 5 期，頁 71。

有部分所算得之價值受分配之情形而言。包括：①數量（如土地面積）不能按應有部分比例分配，致價值不相當者。例如甲、乙共有土地一百坪，應有部分各二分之一，有默示的分管契約存在，並各自在自己分管部分建有房屋，惟甲之分管部分為二十分之十一，乙之分管部分僅二十分之九，若依面積按其應有部分比例分配，甲勢必拆除部分房屋，有礙社會經濟。因此可依分管部分範圍分割，但甲應以金錢補償乙，以維公平。②數量雖能按應有部分比例分配，但價值不相當者。例如甲、乙、丙、丁共有四層樓房一棟，應有部分均等，每層面積相等，且均具備構造上獨立性與使用上獨立性，得為區分所有權之客體。但一樓之價值較高，四樓次之，二、三樓之價值又次之。若依其價值按應有部分比例分配，則分得二、三樓者，將更分得一、四樓部分之房間，始為公平。在此情形，可由甲、乙、丙、丁各分得一層，而由分得一、四樓者，以金錢補償分得二、三樓者，以兼顧經濟上之價值與公平之維持❽❸。

　　共有物之原物分割，依民法第 825 條規定觀之，係各共有人就存在於共有物全部之應有部分互相移轉，使各共有人取得各自分得部分之單獨所有權，故**原物分割而應以金錢補償者，倘分得價值較高及分得價值較低之共有人全體均為多數時，該每一分得價值較高之共有人應就其補償金額對於分得價值較低之共有人全體為補償，並依各該短少部分之比例，定其給付金額，方符共有物原物分割為共有物應有部分互相移轉之本質**（85 臺上 2676）。至補償價格應依原物之市場價格定之❽❹。

---

❽❸　最高法院 63 年臺上字第 2680 號判例：關於共有物之分割，如依原物之數量按其應有部分之比例分配，價值顯不相當者，依其價值按其應有部分比例分配，仍不失為以原物分配於各共有人，否則不顧慮經濟上之價值，一概按其應有部分合算之原物數量分配者，將顯失公平，惟依其價值按應有部分分配原物，如有害經濟上之利用價值者，應認有民法第 824 條第 3 項之共有人中有不能按其應有部分受分配之情形，得以金錢補償之。

❽❹　請參閱最高法院 74 年臺上字第 1014 號判決，《最高法院民刑事裁判選輯》第 5 卷第 1 期，頁 262。

B. 原物分配兼變價分配

即以原物之一部分分配於各共有人，他部分變賣，以價金分配於各共有人之分割方法（民 824 II ②後段）。例如甲、乙共有建地一筆，面積九十坪，應有部分各二分之一，該土地所坐落地段之建築基地最小面積為三十坪**❸**。甲請求裁判分割時，法院可將其中的六十坪土地，以原物分配之分割方法，分配於甲、乙各三十坪，其餘三十坪加以變賣，以價金分配之。**法院採此項分割方法時，應斟酌共有人之意願、利害關係及其分得部分所得利用之價值等情形，始為適當**❻。

C. 部分原物分配、部分維持共有

民法第 824 條第 4 項規定：「以原物分配時，因共有人之利益或其他必要情形，得就共有物之一部分仍維持共有。」據此，法院以原物分配為分割方法時，得以部分原物分割、部分維持共有之方式為之。亦即法律就共有物之特定部分有不予分割之裁量權，以符實際並得彈性運用。惟分割之目的，旨在消滅共有關係，不能創設新的共有關係，因而民法第 824 條第 4 項乃消滅共有關係之例外規定，**此一分割方法須以因共有人之利益或其他必要情形，始得為之**。所謂共有人之利益，包括：①共有人之主觀利益，即共有人主觀上表明意願，維持共有關係者，例如前例，甲、乙共有建地九十坪，應有部分均等，該建地所坐落地段之建築基地最小面積為三十坪，甲請求法院裁判分割時，法院可將其中六十坪之土地，以原物分配之分割方法，分配於甲、乙各三十坪，其餘三十坪，斟酌甲、乙之意願，仍維持共有是。②共有人之客觀利益，即共有人雖不願維持共有，但客觀上確有維持共有關係之必要者，例如分割共有土地時，需保留部分土地供為通行道路之用是。惟須注意者，共有人之客觀利益，不包括公共利益，例如共有土地之一部分，經依法編為公共設施

---

❸　依建築法第 44 條規定，直轄市、縣（市）（局）政府應視當地實際情形規定建築基地最小面積之寬度及深度。未達規定建築基地最小面積之寬度及深度，不得建築。

❻　請參閱最高法院 88 年臺上字第 2199 號判決。

保留地，有作為公園綠地或道路等公共使用之必要，除非當事人表示意願（共有人有主觀利益），否則法院不得將之維持共有**❽**。

(2)變價分割

①變價分割之方法

變價分割，乃變賣共有物，以價金分配於各共有人而言，須於原物分配顯有困難時，始得為之（民 824 II ②前段）**❽**。一般而言，共有物為不可分物時，亦即原物分割之結果，將使各共有人分得之物變質或減損價值者，以採此一分割方法為宜。例如共有汽車或寶石等之分割是。蓋因共有之汽車不能以原物分割，共有之一顆寶石雖非不能原物分割，然必減損其價值也。因之，法院得將之變賣，以賣得價金按應有部分分配於各共有人。惟值注意者，共有物之分割以原物分配雖不變質，亦未減損價值，但依法律規定不得分割者，亦得以變價之方式而為分割。例如前曾述及，農業發展條例第 16 條為擴大農場經營規模，防止農地過度細分，規定每宗耕地分割後，每人所有面積未達〇‧二五公頃者，不得分割。此一條文之立法意旨，應僅係在限制共有耕地以原物分配方式而為分割之情形，倘將共有耕地整筆變賣，以價金分配於共有人，並不發

---

❽　謝在全，**❸**書，頁 581。

❽　民法第 824 條第 2 項舊條文僅規定：「變賣共有物，以價金分配於各共有人。」致實務上對原物分配是否優先於變價分配採行，前後見解不一。最高法院 29 年上字第 1792 號判例認為：裁判上定共有物分割之方法時，分配原物與變賣之而分配價金，孰為適當，法院本有自由裁量之權，不受任何共有人主張之拘束。69 年臺上字第 350 號判決亦認為：共有人因共有物之分割方法，不能協議決議，而提起請求分割共有物之訴，應由法院依民法第 824 條第 2 項命為適當之分配，不受任何共有人主張之拘束，審判上之共有物分割方法，在德、日、瑞民法，固以原物分割為原則，價金分配為例外，但我民法對於二者，則無分軒輊，均應由法院斟酌當事人之聲明，共有物之性質，經濟效用及全體共有人利益公平決之。但最高法院 51 年臺上字第 271 號判例認為：共有物之分割，須先就原物分配，於原物分配有困難時，得予變賣，以價金分配於各共有人。

生農地細分情形，應不在上開規定限制之列。是以共有耕地之共有人請求採變賣共有物分配價金之分割方法，並非不得准許 (64 臺上 420 參照)。

　②共有人的優先承買權

　民法第 824 條第 7 項規定：「變賣共有物時，除買受人為共有人外，共有人有依相同條件優先承買之權，有二人以上願優先承買者，以抽籤定之。」基此，法院採變價分配之分割方法，於變賣共有物時，共有人有優先承買權。其立法意旨在使共有人仍能繼續其投資規劃，維持共有物之經濟效益，並兼顧共有人對共有物之特殊感情。此項優先承買權之行使，應具備下列要件：

　A. 行使主體須為共有人：是否為共有人，應以提起分割共有物之訴之當事人及其共同被告為斷。不問是起訴之共有人或是被訴之共有人，均得行使。**惟有二人以上願意承買者，以抽籤定之，**以避免回復共有狀態，俾符消滅共有之目的。

　B. 須法院變賣共有物之結果，係由共有人以外之人買受：法院變賣共有物時，任何人均可參與應買，縱然是共有人，不問是起訴之共有人，或是被訴之共有人亦然❽❾。惟若由共有人買受時，民法第 824 條第 7 項之規範目的即已實現，自無須再由其他共有人優先承買，故特設除外規定，以使法律關係單純化。亦即**法院變賣共有物時，須由共有人以外之人買受時，共有人始得行使優先購買權。**

---

❽❾ 共有物變價分割之判決係賦予各共有人有變賣共有物，分配價金之權利，於判決確定後，各共有人均得聲請強制執行，亦均有應買權，蓋於共有物拍賣或變賣執行程序中，在由第三人取得共有物所有權之前，各共有人就共有物之所有權尚未喪失，共有關係仍未消滅。因之，各共有人係處於相同之地位，而非相互對立，彼此間並無債權債務關係存在，於共有物拍賣後，各共有人均可取回其按應有部分分配之金額。縱共有人之一聲請法院拍賣共有物，在強制執行程序上列為債權人，而以他共有人為形式上之債務人，但此與強制執行法第二章關於債務人因金錢債務，其財產被拍賣之情形有別。因此只要是共有人，不問是起訴或被訴之共有人，均有應買權。詳見謝在全，❸❹書，頁 584。

C. 須依買受人應買之相同條件：所謂應買之相同條件，係指除應買之價金需相同外，有關價金之給付時期、給付方式等其他條件亦需相同而言。蓋基於優先承買權之本質，條件不同，不得主張優先承買權也。

上述是法院以變賣方法分割共有物時，共有人行使優先承買權應具備之要件。此項優先承買權有二以上之共有人主張時，民法第824條第7項後段規定，以抽籤方式定之，已如前述。惟這樣規定，似有商榷之餘地，蓋基於本條項之立法意旨在使共有人仍能繼續投資規劃，維持共有物之經濟效益，並兼顧共有人對共有物之特殊感情，當共有人之應有部分相等時，以抽籤方式定之，固無不妥，但若應有部分不等，尤其是顯不相等時，似應由應有部分較多者優先承買較宜。例如甲、乙共有一筆建地，其面積僅達建築基地之最小面積，甲的應有部分為五分之四，乙的應有部分為五分之一。甲訴請裁判分割，法院變賣該地而由丙買受時，甲、乙均主張優先承買權，此際，似應由甲優先承買較妥。

(三)共有數個不動產之合併分割

共有係數人同時共同享有一物所有權，其客體為一物，因此民法關於共有物分割的規定，係以一物為適用對象，數人共有數物，尤其是共有數個不動產，依私法自治原則，只要全體共有人同意，得為協議合併分割。但若無法得全體共有人同意時，得否訴請法院裁判合併分割，不無疑問。對此問題，在民法修正前，實務見解不一❾。學說見解亦然❾。

---

❾ 採肯定見解者，如最高法院59年臺上字第4052號判決。採否定見解者，如最高法院69年臺上字第2739號判決、71年臺上字第3541號判決、77年臺上字第2061號判決、89年臺上字第1875號判決、92年臺上字第1534號判決。

❾ 持肯定說者，認為分割方式固以單獨分割最為單純，但如合併分割，有益於各共有人就其所得共有部分之利用時，似無禁止之必要。何況法院係公平審酌各共有人利益及共有物之現況等主客觀情事，則於裁判分割之方法，應增加利用合併分割方式，俾易於消滅數筆之共有關係，以達成物盡其用之目的（蔡明誠，〈數筆共有土地之裁判合併分割問題〉，《台灣本土法學》第22期，頁70）。持否定說者認為：實務認為我民法關於分割共有物分割的效力係採

新修正民法為促進土地利用，避免土地過度細分，以利社會經濟之發展，並消弭爭議，於第 824 條增訂第 5、6 項，明定共有人相同或部分相同之數不動產，得為合併分割。以下分合併分割之條件及權利範圍之算定說明之。

1. 合併分割之條件

　⑴共有人相同之數不動產合併分割之條件

　　民法第 824 條第 5 項規定：「共有人相同之數不動產，除法令另有規定外，共有人得請求合併分割。」據此，共有人相同之數不動產的合併分割，應符合下列條件：

　　①須共有人完全相同：數不動產之共有人若不相同，無本項之適用。至各不動產共有人之應有部分是否相同，則非所問。

　　②須經共有人之請求：數不動產之合併分割，須經共有人之請求，惟只要共有人中一人請求即足，共有人於提起共有物分割之訴時，固得就數不動產一併起訴請求合併分割，亦得以訴之追加方式，為合併分割之追加，被告則得以反訴為之。至於當事人未請求之不動產，法院不得將之納入裁判合併分割之標的，乃民事訴訟法理之所當然❷。

　　③須法令無合併分割之限制：法令另有合併分割之限制規定時，自不得為之。例如依土地法施行法第 19 條之 1 規定，兩宗以上之土地如已設定不同種類之他項權利或經法院查封、假扣押、假處分或破產登記者，不得合併為一宗予以分割。又如地籍測量實施規則第 224 條第 1 項規定，土地因合併申請複丈者，應以同一地段、地界相連，使用性質相同之土

　　移轉主義，而非宣示主義，分割後，各分別共有人以其應有部分互相移轉，而取得單獨所有權，各共有人因分割而取得之物，按其應有部分，負與出賣人同一之擔保責任（民 825），各共有人自無從於分割後取得非共有土地相互移轉的應有部分，亦無從對相互移轉的應有部分，對於其他共有人負擔保責任，故不同共有人的數共有物，不能視為同一共有物而予合併分割（王澤鑑，《民法物權⑴・通則・所有權》，2006 年，頁 273）。

❷　謝在全，❸❹書，頁 582。

地為限，是以不同地段、地界不相連或使用性質不相同之土地，不得合併為一宗予以分割。

(2)共有人部分相同之數不動產合併分割之條件

民法第824條第6項規定：「共有人部分相同之相鄰數不動產，各該不動產均具應有部分之共有人，經各不動產應有部分過半數共有人之同意，得適用前項規定。但法院認合併分割為不適當者，仍分別分割之。」據此，共有人部分相同之數不動產的合併分割，應符合下列條件：

①**須共有人部分相同：所謂共有人部分相同，係指數不動產之共有人中，只要有一人相同，即足當之。**共有人完全不同，固不得請求合併分割，共有人完全相同，則適用前項之規定。

②**須經各不動產應有部分過半數共有人之同意：**前已述及，共有人完全相同之數不動產，任一共有人均得訴請合併分割，不需他共有人之同意。**但共有人部分相同之數不動產訴請合併分割時，須經各不動產應有部分過半數之共有人的同意，始得為之。**例如甲、乙、丙與甲、乙、丁各共有相鄰一宗土地，應有部分各三分之一，甲於取得乙之同意後，固得訴請合併分割。惟若乙不同意，甲於取得丙及丁之同意後，亦得為之。

③**須數不動產相鄰：所謂相鄰，在土地係指地界相互連接而言，**地界不相連土地之合併分割，不得適用本項之規定。

④**須法令無合併分割之限制：**此請參考前述共有人相同數不動產合併分割部分之說明。

符合上述條件，共有人部分相同之數相鄰不動產，各該不動產均具應有部分之共有人，即得請求法院裁判合併分割。此一請求，同樣地，除得以起訴之方式為之外，亦得以訴之追加或反訴之方式為之。法院為裁判時，斟酌具體情形，認為合併分割不適當者，即得不為合併分割，而就各個不動產分別分割之。

2.權利範圍之算定

共有數個不動產之合併分割，以相鄰兩宗土地合併為一宗，再予分割之情形最為常見。於此情形，各共有人對合併後土地之權利範圍的算

定，有下述二種方法❾❸：

(1)**面積標準主義：** 指先按各共有人應有部分計算其在各宗土地上所擁有之面積，再以其和與各宗土地面積之和之比定其權利範圍。例如甲、乙、丙分別共有相毗鄰的 A、B 兩宗土地，其中 A 地面積為六百平方公尺，每平方公尺之公告現值為一萬元；B 地面積為一百二十平方公尺，每平方公尺之公告現值為二萬元。甲、乙、丙在 A 地上應有部分分別為：甲五分之三，乙、丙各五分之一；在 B 地上之應有部分均等。A、B 兩地合併後，甲在 A、B 兩地面積之和是四百平方公尺（A 地的三百六十平方公尺加上 B 地的四十平方公尺），乙、丙各是一百六十平方公尺（A 地的一百二十平方公尺加上 B 地的四十平方公尺）。而兩地之總面積為七百二十平方公尺，是以合併後之土地，甲有九分之五的應有部分，乙、丙各九分之二。

(2)**價值標準主義：** 指先按各共有人之應有部分計算其在各宗土地所享有之價值，再以其總和與各宗土地價值之總和之比例定其權利範圍。例如上述案例，甲在 A、B 兩地價值之總和是四百四十萬元（A 地的三百六十萬元加上 B 地的八十萬元），乙、丙各是二百萬元（A 地的一百二十萬元加上 B 地的八十萬元）。而兩地之總價值為八百四十萬元，因此合併後之土地，甲有二十一分之十一的應有部分，乙、丙各有二十一分之五。

以上權利範圍算定之兩種方法，以後者較妥。蓋合併前各宗土地之位置，價值不盡相同，且所謂應有部分，乃各共有人對於共有物行使權利範圍之比例，非侷限於共有物之特定部分，而係抽象地存在於共有物任何微小部分上。申言之，**法院應依價值標準主義算定各共有人之權利範圍，再依前述裁判分割之方法，分割合併後之土地。**

三、共有物分割之效力

共有物分割之效力可從：(1)各共有人取得分得部分之單獨所有權。

❾❸　溫豐文，〈相鄰數共有不動產之合併分割〉，《月旦法學教室》第 86 期，頁 13。

(2)他物權之處理。(3)不動產分割受補償人之法定抵押權。(4)共有人間互負擔保責任。(5)證書之保存與使用等分別析述之。

(一)各共有人取得分得部分之單獨所有權

共有物分割後，共有關係消滅，若以原物分配時，各共有人即各自取得分得部分之所有權。換言之，分割之主要效力，在終止共有關係，以使各共有人取得單獨所有權。惟其效力始自何時？立法例不一，茲先析述外國立法例，再分析我國法。

1.立法例

共有物分割後，各共有人取得分得部分單獨所有權之時期，有權利認定主義與權利移轉主義兩種不同立法例，茲分述如下：

(1)**權利認定主義**：此為法國民法所採（法民883）。認為：共有物因分割而成為單獨所有權之效力，溯及於共有關係成立時發生，分割只不過是將原來自始即屬於單獨所有之權利加以認定，或就本屬於共有人各自所有之事實加以宣示而已。故又稱為宣示主義。

(2)**權利移轉主義**：此為德國民法所採（德民757）。認為：共有物因分割而成為單獨所有權之效力，於分割完畢時發生，不溯及既往。申言之，各共有人因分割而取得單獨所有權，係各共有人就存在於共有物全部之應有部分互相移轉所致，因此各共有人就其他共有人分割而得之物應按其應有部分負與出賣人同一之擔保責任。由於因分割始付與各共有人以單獨所有權，故又可稱為權利付與主義。

上述兩種主義，互有長短。就認定主義言，可使物權關係單純化，是其所長；但不能確保第三物權人之利益，是其所短。反之，就移轉主義言，能確保第三物權人之利益，是其所長；但將使物權關係複雜化，是其所短❾❹。茲舉例說明如下：甲、乙、丙共有一筆土地，應有部分均等，甲就其應有部分設定抵押權於丁，其後共有土地分割，若採認定主義，因分割有溯及既往之效力，丁之抵押權僅存在於甲分得之土地上，

❾❹　李肇偉，❹❼書，頁231。

屆期其所擔保之債權如未獲清償，只能就甲分得之土地拍賣。果爾，物權關係固極單純，但甲分得之土地如位置欠佳，地價較低，丁能否獲得十足清償而確保其權益，不無疑問。反之，若採移轉主義，因分割之效力向將來發生，丁之抵押權按原應有部分存在於分割後之各宗土地上，不受影響，則丁實行抵押權時，所拍賣者為各宗土地之應有部分。若爾，丁之抵押權固未受不利影響，但應有部分之拍定人將與乙、丙回復共有關係，以致消滅之共有關係，因而復甦，使物權關係趨於複雜，有礙分割效果之安定性。

2.我國法

上述二種立法例，我國民法究採何者，原無明文，因此學者間每有爭論，通說係從民法第 825 條之立法精神立論，採權利移轉主義❾⑤，實務見解亦同❾⑥。新修正民法增訂第 824 條之 1，於第 1 項明定：「共有人自共有物分割之效力發生時起，取得分得部分之所有權。」據此，**在我國，共有物分割之效力係向後發生，而非溯及既往，係採權利移轉主義，不問協議分割或裁判分割，均然。**惟所謂分割效力向後發生，亦即分割效力發生時期，究係何指？因協議分割與裁判分割而有不同之內涵，茲分述如下：

⑴協議分割：在協議分割，所謂「分割效力發生時」，如分割物為動

---

❾⑤　主張權利移轉主義者，如史尚寬，❷⑥書，頁 154；李肇偉，❹⑦書，頁 232；鄭玉波著，黃宗樂修訂，❶④書，頁 154；姚瑞光，❻書，頁 135；謝在全，❸④書，頁 592；王澤鑑，❹⑧書，頁 314；主張權利認定主義者，如劉錦隆，〈應有部分之抵押〉，《法令月刊》第 37 卷第 8 期，頁 13。

❾⑥　最高法院 85 年臺上字第 2676 號判例：共有物之原物分割，依民法第 825 條規定觀之，係各共有人就存在於共有物全部之應有部分互相移轉，使各共有人取得各自分得部分之單獨所有權，故原物分割而應以金錢為補償者，倘分得價值較高及分得價值較低之共有人均為多數時，該每一分得價值較高之共有人即應就其補償金額對於分得價值較低之共有人全體為補償，並依各該短少部分之比例，定其給付金額，方符共有物原物分割為共有物應有部分互相移轉之本旨。

產係指交付時，如為不動產則指分割登記完畢時而言。蓋協議分割，係以法律行為使共有物所有權發生變動，性質上屬處分行為，因而有民法第 758、761 條之適用。即動產之分割須經交付（民 761），不動產之分割須訂立書面契約（民 758 II），並經登記（民 758 I），始生分割之效力。茲所稱登記，乃經登記機關依土地登記規則登記於登記簿，並加蓋登簿、校對人員名章而言，亦即須登記完畢而後可。若僅申請登記，而未經登記機關將應行登記之事項記入登記簿者，不能認為已發生登記之效力（33 上 5374）。又土地登記以電腦處理者，經依系統規範登錄、校對，並異動地籍主檔完竣後，為登記完畢（土登 6）。質言之，共有不動產之協議分割，須俟分割登記完畢後，各共有人始取得分得部分之單獨所有權。

(2)**裁判分割**：在**裁判分割，所稱「分割效力發生時」係指判決確定時**。蓋共有物分割判決，性質上屬形成判決，具有創效力，於判決確定時，即生共有關係終止之效力，動產不待交付，不動產不待登記，各共有人即取得分得部分之單獨所有權。至所謂判決確定時，係指上訴期間屆滿時而言。但**判決於上訴期間內有合法之上訴者，阻其確定**。至不得上訴之判決，則於宣示時確定，不宣示者，於公告時確定（民訴 398）。

茲值說明者，共有不動產之裁判分割，各共有人雖於判決確定時，取得分得部分之單獨所有權，無庸登記。但不經登記，不得處分其所分得部分之所有權。換言之，因裁判分割而取得不動產物權者係以登記為處分要件，而非生效要件（民 759）。至共有人依據法院判決申請共有物分割登記者，不以全體會同申請為必要，任一共有人均得提出法院判決確定書及其他應附書件單獨為全體共有人申請登記（土登 27 ④、100）。

(二)他物權之處理

1.共有物上之他物權

共有物分割之效力，在我國係採權利移轉主義，各共有人因分割而取得單獨所有權，係各共有人就存在於共有物上之應有部分互相移轉所致，因而各共有人取得單獨所有權，係屬繼受取得，而非原始取得。職

是，存在於共有物上之原有負擔，分割後之各部分必須承受。亦即**共有物分割前，於共有物上存在之他物權，不因分割而受影響⓿**，不問是用益物權，或是擔保物權，於共有物分割後，仍存在於各共有人所分得之部分上❾❽。

2.應有部分上之擔保物權

以應有部分設定之擔保物權，於共有物分割後亦不受影響。惟如何存續，在日本，學說上有客體不變說與客體集中說兩種不同見解。前說著眼於擔保物權人利益之保護，認為擔保物權按原應有部分存在於分割後各共有人所分得之物上。後說著眼於他共有人利益之保護，認為擔保物權集中於原設定人分割後所取得之整個物上。以上兩說，客體不變說是日本通說❾❾，日本實務亦採同一見解⓿⓿。

在我國，通說亦採客體不變說⓿①。民法新修正條文將之明文化，於第 824 條之 1 第 2 項前段規定：「應有部分有抵押權或質權者，其權利不因共有物之分割而受影響。」基此，倘係共有不動產之分割，於辦理共有物分割登記時，該抵押權按原應有部分轉載於分割後各宗土地上（**土登 107 I 前段**）。亦即係以原設定抵押權而經分別轉載於各宗土地之應有部分，為抵押權之客體。是強制執行時，係以分割後各宗土地經轉載抵

---

❾⓿　郭振恭，《民法》，三民書局，1999 年，頁 478。

❾❽　擔保物權存續之法理依據，尚可求諸擔保物權之不可分性，即擔保之標的物縱經分割，分割後之各部分仍為擔保全部債權而存在（民 868 參照）。

❾❾　我妻榮著，有泉亨補訂，⓫書，頁 335；林良平，《物權法》，青林書院，1986 年，頁 126；舟橋諄一，㉕書，頁 393。在日本，採客體集中說者，以末弘嚴太郎教授為代表，見氏著，《民法物權（上卷）》，岩波書店，1921 年，頁 443。

⓿⓿　大審院民事部昭和 17 年 4 月 24 日判決，《大審院民事判例集》21 卷，頁 447；篠塚昭次編，《判例コンメンタール 3・民法 I》，三省堂，1977 年，頁 723。

⓿①　李模，《民法問題研究》，1989 年，頁 93；謝在全，❺書，頁 9；溫豐文，〈共有物分割對應有部分抵押權之效力〉，《月旦法學雜誌》第 59 期，頁 21。

押權之應有部分為其執行標的物。於拍定後因拍定人取得抵押權客體之應有部分，由拍定人與其他共有人，就該不動產全部回復共有關係，其他共有人回復分割前之應有部分，經轉載之應有部分抵押權因已實行而消滅；從而得以維護其他共有人及抵押權人之權益（釋671）。

惟如此一來，將使已消滅之共有關係復甦，物權關係趨於複雜化，為補偏救弊，民法第824條第2項但書遂規定：「**有下列情形之一者，其權利移存於抵押人或出質人所分得之部分：一、權利人同意分割。二、權利人已參加共有物分割訴訟。三、權利人經共有人告知訴訟而未參加。**」用以安定法律關係並兼顧他共有人之權益❿。茲析述其內容如下：

⑴**權利人同意分割**：此係指應有部分之抵押權人或質權人同意共有物協議分割之分割方法而言。此項同意不以分割協議當時為之為必要，只要在分割協議履行前同意，即可。惟為使抵押權人或質權人能夠同意分割方法，以使抵押權或質權移存於抵押人或出質人所分得之部分，共有人於協議分割時，以邀請抵押權人或質權人參與協議為妥。

⑵**權利人已參加共有物分割訴訟**：此係指應有部分之抵押權人或質權人在共有物裁判分割訴訟中參加訴訟而言。按應有部分之抵押權人或質權人就共有物分割訴訟有法律上之利害關係，為輔助抵押人或出質人，得於訴訟繫屬中參加訴訟。一經參加訴訟後，法院對其陳述之意見應加以斟酌，並就分割方法為公平、適當之酌定，故將應有部分之抵押權或質權移存於抵押人或出質人分得之部分，對抵押權人或質權人不至於受到不利損害，是其應受裁判之拘束。

⑶**權利人經共有人告知訴訟而未參加**：此係指應有部分之抵押權人或質權人於共有物裁判分割訴訟中，經訴訟告知而未參加而言。在共有物裁判分割訴訟中，應有部分之抵押權人或質權人若未自行參加者，任何一共有人均可請求法院告知權利人參加訴訟。如其已參加訴訟，則受該裁判之拘束。至若經訴訟告知而未參加者，亦不得主張本訴訟之裁判不當。

---

❿　物權編修正草案第824條第2項增訂理由。

綜上所述，以應有部分設定之抵押權或質權，於共有物分割後，原則上按其應有部分之比例存在於分割後之各個物上。但在協議分割時，若經抵押權人或質權人之同意；在裁判分割時，若抵押權人或質權人已參加共有物分割訴訟或經共有人告知訴訟而未參加者，其權利移存於抵押人或出質人所分得之部分。

惟值注意者，前述民法第 824 條第 2 項但書所規定之情形，於以價金分配或金錢補償時，準用第 881 條第 1 項、第 2 項或第 899 條第 1 項規定（民 824 之 1 III）。按民法第 881 條第 1 項、第 2 項係有關抵押權物上代位性之規定；第 899 條第 1 項則為質權物上代位性之規定。申言之，共有物分割時，在應有部分上設有擔保物權之共有人所分得者，如非共有物之實物部分，而係共有物變賣之價金或補償之金錢時，準用擔保物權物上代位之規定，原應有部分上之擔保物權轉化為對變賣價金或補償金錢的權利質權，以保障擔保物權人（抵押權人或質權人）之權益。例如甲、乙共有一宗土地，面積三十坪，僅達建築面積之最小單位，甲、乙的應有部分分別為十分之九與十分之一，乙將其應有部分設定抵押權於丙，法院裁判分割時，丙經告知訴訟而未參加，嗣法院判決該宗土地分歸於甲，甲應補償乙金錢若干，則乙對甲的補償金債權，丙對之有權利質權。亦即丙在乙之應有部分上原有的抵押權轉化為對該應有部分補償金請求權具有權利質權。職是，甲非經丙之同意，不得任意向乙給付補償金，否則對丙不生效力（民 907 參照）。

㈢不動產分割受補償人之法定抵押權

共有物之裁判分割，於判決確定時，各共有人即各自取得分得部分之單獨所有權，即使法院在命原物分配並金錢補償之情形亦然。蓋分割共有物之判決將原物分配於各共有人後，另命某共有人應補償金錢於他共有人時，該應負給付義務之共有人，係因判決負給付義務，而非因契約互負債務，不生對待給付之問題（民 264）。因此，補償義務人縱未提出補償金額，亦因分割判決之確定而取得分得部分之單獨所有權[103]。於

此情形，為保障應受補償人之權益，民法第 824 條之 1 第 4 項規定：「前條第 3 項之情形，如為不動產分割者，應受補償之共有人，就其補償金額，對於補償義務人所分得之不動產，有抵押權。」依此項規定而成立之抵押權係法定抵押權。要言之，**不動產分割受補償人之法定抵押權，係指法院於裁判分割時，如共有人中有未受分配或不能按其應有部分受分配，而以金錢補償之情形**（民 824 III），應受補償人對於補償義務人之補償金債權就補償義務人分得之不動產，有抵押權而言。此項抵押權僅適用於不動產分割之情形。蓋因動產，請求法院裁判分割之案例甚少，且動產質權之設定，必以占有質物為要件。如分割後，由補償義務人占有分得之共有物，則與動產質權之成立要件不符（民 885）。又動產有善意受讓問題，如予規定，實益不大，故本項適用範圍不及於動產。

不動產分割受補償人之法定抵押權，於判決確定時，不待登記，即生效力。惟應於辦理共有物分割登記時，一併登記（民 824 之 1 V 前段），方得對抗第三人。例如甲、乙共有一宗土地，裁判分割時，法院以原物分配並命甲應補償乙金錢若干，則乙就該補償金債權對甲分得之不動產有抵押權，於向地政機關申請共有物分割登記時，應一併申請登記之，如漏未申請登記，嗣甲將其分得部分讓與第三人丙，基於登記之公示力及公信力，乙的抵押權無法對抗丙。又不動產分割，應受補償者有數人時，應按受補償金額比例登記為共同抵押權人。於此情形，該法定抵押權成為應受補償人的準共有。

再者，**為確保應受補償人之利益，並兼顧交易安全，補償義務人所**

---

⑩ 張登科，《強制執行法》，1993 年，頁 543。惟姚瑞光先生有不同意見，認為應視共有物分割之判決主文內容而定。如果判決主文明示，某人於補償某人金錢若干後，取得某物者，則補償金錢，係取得某物之條件，在條件未成就前，自未取得該物之所有權。反之，如果判決主文表示，以原物分配於各共有人後，另為命某人應補償金錢若干與某人者，該金錢補償，即非對待給付，則應補償之金錢雖未提出，亦因分割之判決已確定，而取得分得部分之所有權，請參閱姚瑞光，**⑥**書，頁 138。

分得之不動產上,如有基於其應有部分抵押而移存之抵押權者(民824之1 II 但書)。前述法定抵押權之次序優先於該移存之抵押權(民824之1 V 後段)。例如甲、乙共有一筆土地,面積三十坪,僅符建築最小面積單位,甲之應有部分為十分之九,並以之向丙銀行貸款設定抵押權作為擔保,乙的應有部分僅十分之一。嗣甲向乙請求分割,經乙拒絕,遂訴請法院裁判分割,法院判決將該土地分配於甲,並命甲應補償乙金錢若干,則乙對甲分得土地上之法定抵押權,優先於丙移存於甲分得土地上之抵押權。蓋補償義務人甲所分得之不動產,用以擔保補償金債權之範圍,原即非其應有部分所設定抵押權支配之範圍。至於此項法定抵押權與其他抵押權之次序,則仍依民法第865條規定,以登記之先後定之。

㈣共有人間互負擔保責任

1.擔保責任之內容

民法第825條規定:「共有人,對於他共有人因分割而得之物,按其應有部分,負與出賣人同一之擔保責任。」基此,共有人間互負之擔保責任與出賣人相同。按出賣人之給付義務,在概念上可分為移轉權利及交付標的二者,據此,其擔保責任,因之可分為權利瑕疵擔保責任及物之瑕疵擔保責任二者[104],茲分述如下:

⑴權利瑕疵擔保:又稱追奪擔保,指共有人應擔保第三人就其他共有人分得之物,不得主張任何權利(民349)。例如甲、乙、丙共有一筆森林地,應有部分均等。嗣後分割為三筆,由甲、乙、丙各自取得一筆,惟甲分得之部分,鄰地所有人丁主張係其所有,訴請甲返還而被追奪即屬之。在此情形,乙、丙應對甲負權利瑕疵擔保責任。依民法第353條規定,甲得依關於債務不履行之規定,行使其權利。所謂行使關於債務不履行所生之權利者,即解除契約、請求損害賠償等是也[105]。

---

[104] 邱聰智著,姚志明校訂,《新訂債法各論(上)》,元照,2002年,頁94。

[105] 須注意的是,權利瑕疵擔保在法律效果上雖得依債務不履行之規定,但二者之成立要件不同,即權利瑕疵擔保採無過失責任,債務不履行則採過失責任。

(2)物之瑕疵擔保: 簡稱瑕疵擔保，指共有人對他共有人應擔保其分得部分於分割前未藏有瑕疵（民354）。一般而言，分割物應具備之價值、效用或品質，如因分割前隱藏之瑕疵致不具備者，即為分割物之瑕疵（73臺上1173參照）。例如甲、乙共有雙併式房屋一棟，應有部分均等，嗣後分割為二幢，每人各得一幢⑩，若甲分得之部分係海砂屋致天花板剝落即屬之。在此情形，乙對甲應負物之瑕疵擔保責任。依民法第359條及第360條之規定，甲得解除契約，請求減少價金與請求損害賠償。

茲值注意者，不問是權利瑕疵擔保，抑或物之瑕疵擔保，均發生解除契約、請求減少價金與請求損害賠償等效力。其中解除契約一項，在協議分割之情形，因分割協議之法律性質係屬私法契約，自得為之。但在裁判分割，因判決係法院所為之行為，並非私法契約，且判決確定後具有既判力，故應解為不許為之⑩。亦即在法院判決分割確定後，發生瑕疵擔保責任者，僅得請求減少價金或損害賠償，不得訴請重行分割。

2.物上請求權之行使

土地共有人於分割前建築之房屋，於分割後，坐落在他共有人分得之土地上，究應如何處理？對此問題，實務上認為各共有人對於他共有人因分割而得之物，按其應有部分負與出賣人同一之擔保責任，民法第825條定有明文，法院判決以原物分配於各共有人後，各共有人就分割所得部分有單獨之所有權。共有人之房屋既在他共有人分得之土地上，他共有人即不能完全使用其分得之土地，依民法第354條規定，共有人

---

⑩ 依地籍測量實施規則第288條規定，辦理建物分割，應以已辦畢所有權登記，法令並無禁止分割，及已增編門牌號或所在地址證明，且其分割處已有定著可為分隔之樓地板或牆壁之建物為限。申請建物分割，應填具申請書檢附分割位置圖說、戶政事務所編列門牌號證明及權利證明文件為之。建物為共有者申請分割時，並應檢附協議書註明其取得建物之權利範圍。其經法院判決分割者，依法院確定判決辦理。

⑩ 川島武宜編，⑪書，頁349（川井健執筆）；舟橋諄一，㉕書，頁392；謝在全，㉞書，頁598；王澤鑑，㊽書，頁316。

負有不減少該地通常效用之擔保責任，應拆除系爭房屋 **⑩**。何況，共有土地之分割，經分割形成判決確定者，即生共有關係終止及各自取得分得部分所有權之效力，共有人對於他共有人分得之部分，即喪失共有權利，則其占有，除共有人間有明示或默示繼續存在之約定外，即難謂有法律上之原因（51 臺上 2641）。是分割共有土地，各分割人於分割前，在地上有房屋，法院為原物分配之分割時，如將其中一共有人之房屋所占有之土地分歸他共有人取得者，該房屋占用他人所分得之土地，即為無權占有，他共有人本於所有權，自得依民法第 767 條規定請求拆除之。此在共有土地協議分割，經登記完畢者，亦同 **⑩**。

(五)證書之保存與使用

共有物分割後，有關分割物之證書，依其性質可分為：(1)分割人所得物之證書。(2)共有物之證書兩種 **⑩**。此等證書關係分割人之利益，各分割人常有使用作為證據之必要。如何保存與使用，民法第 826 條訂有明文，茲說明如下：

1.證書之保存

(1)分割人所得物之證書，應隨產分執，由分割人各自保存（民 826 I）。例如甲、乙、丙共有 A、B、C 三筆土地，合併分割後每人各得一筆，由甲、乙、丙依序分配 A、B、C 土地為單獨所有，在此情形，應由分割人各自保存其所分得之物之證書是。茲所謂所得物證書，指共有人取得所得物時之原契約文件或納稅單據等而言。

(2)共有物之證書，依分割人取得之部分有無最大部分定之。若有最大部分者，歸該最大部分取得人保存之。無最大部分者，由當事人協議定之。不能協議決定者，得聲請法院指定之（民 826 II）。例如甲、乙共

---

⑩　最高法院 88 年臺上字第 224 號判決；陳忠五主編，《民法（學林分科六法）》，學林事業文化有限公司，2003 年，頁 C–161。

⑩　最高法院 80 年度第 1 次民事庭會議決議(一)；謝在全，**㉞**書，頁 600。

⑩　黃右昌，**㉘**書，頁 196。

有一筆土地，甲持分四分之三，乙持分四分之一，分割後該共有地最初取得時之原契據或其他證明文件，固應由甲保存。惟甲、乙應有部分相同時，上開證書之保存，則由甲、乙二人協議定之。協議不成時得聲請法院指定之是。茲所謂最大部分，宜解為價值最大者而言，價值相同者，則以面積或體積最大者為斷⑪。至所謂聲請法院指定之，係指依非訟事件法第 70 條規定，聲請共有物分割地之地方法院指定而言。

2.證書之使用

各分割人得請求使用他分割人所保存之證書（民 826 III）。蓋證書保存之目的在供證明之用，因此不問是所得物之證書或是共有物之證書，保存人有允許他分割人使用之義務，不得拒絕，否則得以給付之訴請求之。

---

⑪　謝在全，㉞書，頁 598；王澤鑑，㊽書，頁 319。

公同共有

04

第一節　公同共有之意義

公同共有者，乃依法律規定、習慣或法律行為成一公同關係之數人，基於公同關係共享一物之所有權之謂。其權利人稱為公同共有人（民 827 I）。例如繼承人公同共有未分割之遺產，合夥人公同共有合夥財產（民 668），派下員公同共有祭祀公業之財產（39 臺上 364）是❶。公同共有之構成要件有二：㈠須有公同關係存在：所謂公同關係，乃二人以上因共同目的相互結合所成立，而為公同共有基礎的法律關係。公同共有既基於公同關係，則欠缺此一關係而共有一物者，即不得謂之公同共有。因此任意邀集數人購買產業，縱合約訂明為公同共有，亦不得成立公同共有。㈡須基於公同關係共有一物：公同共有之客體常為多數，惟此多數客體仍適用一物一權主義。例如甲、乙、丙三人之合夥財產有 A 地、B 店、C 車及 D 商標權，甲、乙、丙係分別就 A 地、B 店及 C 車等三物成立公同共有，並就 D 商標權成立準公同共有，而不是就整個合夥財產成立一個公同共有。而且各公同共有人（合夥人）之權利，及於公同共有物之全部（民 827 III），非若分別共有人僅按其應有部分對共有物有其

---

❶　我民法上之公同共有，中華人民共和國物權法稱之為「共同共有」，中國大陸學者普遍認為共同共有之類型包括：一、夫妻共有。二、家庭共有。三、遺產分割前之共有三種。至於合夥財產是否為共同共有，學者間則有爭議。詳見陳華彬，《物權法原理》，國家行政學院出版社，1998 年，頁 478 以下；胡康生主編，《中華人民共和國物權法釋義》，法律出版社，2007 年，頁 216 以下；姚紅主編，《中華人民共和國物權法精解》，人民出版社，2007 年，頁 162 以下。

茲值說明者，最高法院 39 年臺上字第 364 號判例，因祭祀公業條例於 2008 年 7 月 1 日施行，故最高法院 97 年度第 2 次民事庭會議決定不再援用。惟祭祀公業原有之土地，在依祭祀公業條例第 50 條變更登記為祭祀公業法人或財團法人，或變更登記為派下員分別共有或個別所有前，乃不失為派下員之公同共有。

權利而已❷。

第二節 公同關係之成立原因

　　公同共有之成立基礎在於公同關係。所謂公同關係，如前所述，係指二人以上因共同目的而結合所成立，而為公同共有基礎之法律關係。此種關係究應如何始能成立？依民法第 827 條第 1 項規定，其原因有三：

一、依法律規定而成立

　　依法律規定而成立公同關係者，主要為繼承。民法第 1151 條規定：「繼承人有數人時，在分割遺產前，各繼承人對於遺產全部為公同共有。」是知，繼承係法律所定公同關係成立原因之一❸。換言之，繼承人公同共有未分割之遺產。據此，繼承財產如為不動產者，於申辦繼承登記時，原則上應由繼承人申請為公同共有之登記，其經繼承人全體同意者，始得申請為分別共有之登記❹。

---

❷ 梅仲協，《民法要義》，1963 年，頁 402；李肇偉，《民法物權》，1979 年，頁 235 以下。

❸ 最高法院 88 年臺上字第 980 號判決：按民法第 1151 條規定：「繼承人有數人時，在分割遺產前，各繼承人對於遺產全部為公同共有。」此即同法第 827條第 1 項所稱「依法律規定」而發生之公同共有關係。此項公同共有關係之消滅，除繼承人依民法第 1164 條規定請求分割遺產外，應經繼承人全體之同意。

❹ 最高法院 69 年臺上字第 1166 號判例：依民法第 1151 條規定：繼承人有數人時，在分割遺產前，各繼承人對於遺產全部為公同共有。至於土地之繼承登記，依照土地法第 73 條規定，得由任何繼承人為全體繼承人聲請之，原毋庸為裁判上之請求。又依最近修正而於 69 年 3 月 1 日施行之土地登記規則第 29 條規定，繼承之土地原則上應申請為公同共有之登記，其經繼承人全體之同意者，始得申請為分別共有之登記。

二、依習慣而成立

公同關係基於習慣而生者，例如祀田（17 上 179）、塋田（17 上 1109）❺、祭田（18 上 34）、祀產（18 上 478）、祭祀公業（39 上 364）、神明會（72 臺上 1174 判決）或同鄉會館（42 臺上 1196）等是。其中，在臺灣以祭祀公業與神明會較為常見。

㈠祭祀公業：祭祀公業非法人，其本身無權利能力，不能為權利主體，其財產縱登記為祭祀公業所有，仍應認為係屬祭祀公業派下員全體公同共有。惟值注意者，為健全祭祀公業土地地籍管理，促進土地利用，增進公共利益，政府於民國 96 年制定「祭祀公業條例」。依該條例第 50 條第 1 項規定：「祭祀公業派下全員證明書核發，經選任管理人並報公所備查後，應於三年內依下列方式之一，處理其土地或建物：一、經派下員過半數同意依本條例規定登記為祭祀公業法人，並申辦所有權更名登記為祭祀公業法人所有。二、經派下員過半數書面同意依民法規定成立財團法人，並申辦所有權更名登記為財團法人所有。三、依規約規定申辦所有權變更登記為派下員分別共有或個別所有。」據此，原本屬於派下員全體公同共有之祭祀公業土地或建物，經依祭祀公業條例之規定為地籍整理後，應變更登記為法人（祭祀公業法人或財團法人）所有，或派下員之分別共有或個別所有。

㈡神明會：神明會亦非法人，不能為權利主體，其財產縱登記為神明會所有，仍應認為係屬會員或信徒全體之公同共有。惟為健全地籍管理，確保土地權利，促進土地利用，民國 96 年制定的地籍清理條例第 24 條規定：「申報人於收到直轄市或縣（市）主管機關驗印之神明會現會員或信徒名冊、系統表及土地清冊後，應於三年內依下列方式之一清理：一、經會員或信徒過半數書面同意依法成立法人者，申請神明會土地更名登記為該法人所有。二、依規約或經會員或信徒過半數同意，申請神明會土地登記為現會員或信徒分別共有或個別所有。申報人未依前項規

---

❺　塋田係指墓地而言。

定辦理者，由直轄市或縣（市）主管機關逕依現會員或信徒名冊，囑託該管土地登記機關均分登記為現會員或信徒分別共有。」據此，原本屬於會員或信徒公同共有之神明會土地，經依地籍清理條例之規定為地籍清理後，應變更登記為法人所有，或變更登記為會員或信徒之分別共有或個別所有。

　　由上述可知，在臺灣，依習慣而生成之公同共有制度，正在透過法律促其解構中。惟不問是祭祀公業之祀產或是神明會之會產，在依法變更登記為法人所有，或變更登記為派下員或信徒之分別共有或個別所有之前，仍不失為派下員或信徒的公同共有。

三、依法律行為而成立

　　公同關係得依法律行為而成立，惟依法律行為而成立之公同關係，其範圍不宜過廣，為避免誤解為依法律行為得任意成立公同關係，民法第 827 條第 2 項明定**以有法律規定或習慣者為限**，而民法所定得成立公同關係之法律行為**僅合夥契約及夫妻共同財產制契約二種而已**，信託法則定有信託行為。分述如下：

　　㈠合夥契約：民法第 668 條規定：「**各合夥人之出資及其他合夥財產，為合夥人全體之公同共有。**」據此可知，合夥契約為公同關係成立原因之一。合夥財產為合夥人全體公同共有，出資不問為金錢出資、勞務出資、抑以他物（包括動產或不動產）出資，均無不同（64 臺上 1923）。至所謂其他合夥財產者，如因執行合夥業務，或就合夥財產所屬權利，或就其所屬標的之毀損、滅失及追奪，因受賠償而取得之財產等是。此等財產，既由合夥業務或其所屬權利所產生，故亦為合夥人全體之公同共有。

　　㈡夫妻共同財產制契約：民法第 1031 條規定：「**夫妻之財產及所得，除特有財產外，合併為共同財產，屬於夫妻公同共有。**」是以夫妻共同財產制契約為公同關係成立原因之一❻。夫妻若以書面約定共同財產制者，

---

❻　最高法院 44 年臺上字第 59 號判例：民法第 1031 條第 1 項所謂「夫妻之財

夫妻之財產及所得,除第 1031 條之 1 所定特有財產外,合併為共同財產,屬於夫妻公同共有。

㈢信託行為: 信託法第 28 條第 1 項規定:「同一信託之受託人有數人時,信託財產為其公同共有。」是知,信託行為亦為法律所定公同關係成立原因之一。據此,同一信託之數受託人公同共有信託財產。

第三節 公同共有之應有部分

公同共有人對公同共有財產有一定之權義率❼(德: Anteil; 日: 割當),例如合夥人就合夥財產之股份 (民 683)、繼承人就繼承財產之應繼分 (民 1144)、派下員就祭祀公業財產之房份等是。此一權義率,存在於公同共有之總財產上,學者間殆無爭議,惟是否存在於個別的公同共有物上,亦即各共有人在各個公同共有物是否有應有部分, 則有不同見解。分述如下:

一、否定說: 此說認為公同共有之客體既為共同財產,而非組成共同財產之各個物,因此其持分之直接對象為共同財產,而非屬於共同財產之物❽。換言之,合夥人之股份、繼承人之應繼分、祭祀公業之派下房份係就抽象之總財產(合夥財產、遺產、祭祀公業財產)而言,而非個別之公同共有物❾。亦即各公同共有人唯對於全體財產有應有部分,

---

產及所得, 除特有財產外, 合併為共同財產, 屬於夫妻公同共有。」乃約定之共同財產制, 須夫妻以契約訂立此項夫妻財產制者, 始有其適用。若無此項約定, 自難認其夫妻財產係屬公同共有。

❼ 古振暉先生在《共同所有之比較研究》一文中, 將合夥人就合夥財產之股份、繼承人就繼承財產之應繼分、派下員就祭祀公業財產之房份, 統稱為權義率, 指共同所有人個別享有特別財產之權利義務比率。詳見氏著,《共同所有之比較研究》, 中正大學法律研究所博士論文, 2006 年, 頁 34、446。

❽ 黃茂榮,〈共有之客體及共有人之持分〉, 載於氏著,《民商法判解評釋(第二冊)》, 植根法學叢書, 1981 年, 頁 343。

❾ 王澤鑑,《民法物權》, 2009 年, 頁 322。

對各個之物則否❿。

　　二、肯定說：此說認為公同共有人對於共同財產所享有之權利有二：一為各人對於共同財產之全體所享有之應有部分，此即人格的應有部分，有類似於社員權之性質；另一為各人對於共同財產所屬各個之標的（物及權利）所享有之應有部分，此即物權的應有部分。人格的應有部分與物權的應有部分，在觀念上應嚴加區別，在公同共有，所謂應有部分係指物權的應有部分而言。人格的應有部分，則不在公同共有關係之內⓫。換言之，此說認為公同共有人在個別的公同共有物上有應有部分，只是該應有部分應受公同共有所由生之公同關係之拘束。

　　以上正反兩說，**實務見解**係採否定說，**認為：依民法第 827 條第 2 項規定**，各公同共有人之權利，既係及於公同共有物之全部，則各該共有人自無所謂有其應有部分（37 上 6419）。惟**通說**係採肯定說，**認為：**公同共有人對個別的公同共有物有其應有部分，但該應有部分應受為達成共同目的所設之內部規則之拘束。在公同關係存續中，各公同共有人既不得自由處分其應有部分，亦不得請求分割。換言之，公同共有人之應有部分於公同關係存續中，僅屬潛在，於公同關係終止（共同目的終了）時，始得成為現實⓬。

---

❿　史尚寬，《物權法論》，1979 年，頁 159。

⓫　石田文次郎，〈合有論〉，《法學協會雜誌》49 卷 4 號，頁 26；張龍文，〈論公同共有〉，載於鄭玉波編，《民法物權論文選輯（上）》，五南，1984 年，頁 420。又謝在全先生亦採此說，認為我國民法於合夥中所稱之股份、夫妻共同財產中所稱之應有部分、遺產之應繼分，似較偏重於公同共有財產之應有部分，惟亦係公同共有人對組成公同共有財產各個標的物之應有部分。我國民法物權編關於公同共有固無應有部分之規定，然我國民法之立法例係仿自瑞士民法（瑞民 652 至 654），而該國民法第 653 條第 3 項規定：「在公同關係存續期間內，不得處分物之應有部分」，可見公同共有人對公同共有物確有物權法上之應有部分。請參閱氏著，《民法物權論（中）》，2009 年，頁 16–17。

⓬　古振暉，❻文，頁 290。

　　問題是公同共有人得否處分其共同財產之權義率及各個公同共有物上的潛在應有部分？首先就共同財產權義率之處分言：繼承人之應繼分、派下員之房份，因具有身分法之色彩，自不得處分讓與他人，固不待言。至於合夥，乃二人以上互約出資以經營共同事業之契約（民 667 I），合夥人相互間存有人格信賴關係，合夥之股份與合夥人之地位具有不可分離之關係，讓與股份等同退夥，受讓股份等同入夥。換言之，合夥股份之轉讓，性質上為契約之承擔，同時具有退夥、入夥之雙重效果❸。因此，合夥之股份屬於人格之應有部分，基於人格信賴關係，非經他合夥人全體之同意，各合夥人不得將自己股份轉讓與第三人（民 683 前段）。次就各公同共有物應有部分之處分言：如前所述，組成共同財產之各個標的物，各公同共有人對之僅有潛在的應有部分。此一潛在的應有部分，雖屬於物權的應有部分，但依公同共有之本質，在公同關係存續中，各公同共有人不得自由處分❹，亦不得隨時請求分割，因而與分別共有之共有人得自由處分其應有部分（民 819 I），並得隨時請求分割（民 823 I 前段），迥然不同❺。

第四節　公同共有人之權利義務

　　民法第 828 條規定：「①公同共有人之權利義務，依其公同關係所由成立之法律、法律行為或習慣定之。②第 820 條、第 821 條及第 826 條之 1 規定，於公同共有準用之。③公同共有物之處分及其他權利之行使，除法律另有規定外，應得公同共有人全體之同意。」此一條文第 3 項中所謂「法律另有規定」之意義，係指公同共有人之權利義務，就法條適用

---

❸　邱聰智著，姚志明校訂，《新訂債法各論（下）》，元照，2003 年，頁 37。

❹　最高法院 89 年臺再字第 81 號判決：公同共有人無應有部分存在，通說亦認為公同共有人之應有部分係屬潛在者，與分別共有人之應有部分為顯在者不同，此項潛在之應有部分，在公同關係存續期間內，不得自由處分。

❺　溫豐文，〈公同共有之應有部分〉，《月旦法學教室》第 74 期，頁 7。

之順序而言，應先適用第 1 項，依公同關係所由成立之法律、法律行為或習慣定之。其次依第 2 項，準用第 820 條、第 821 條及第 826 條之 1 之規定。最後始適用第 3 項所定應得公同共有人全體同意❶。茲析述如下：

一、依公同關係所由成立之法律、法律行為或習慣定之

前已述及，公同關係是公同共有基礎的法律關係。為實現公同共有之目的，**公同共有人之權利義務，自應先依公同關係所由成立之法律、法律行為或習慣定之**。例如合夥財產之公同共有，應依民法債編有關合夥之規定（民 667–699）與合夥契約定之；夫妻共同財產制財產之公同共有，應依民法親屬編有關夫妻共同財產制之規定（民 1031–1041）與夫妻財產制契約定之。

至於依習慣而成立之公同共有，則依所由成立之習慣定之。茲將實務見解臚列如下：(1)合族共有之祀產，原則上固須族人全體之同意，方能處分。惟依該處之慣例，可由各房房長或多數族人議決代為處分時，亦不能謂為無效（18 上 1473）。(2)關於公同共有物之處分，除依其關係所由規定之法律或契約另有規定外，固應得公同共有人全體之同意。惟該地如有房長得代表該房處分祭產之習慣，可認祭產公同共有人有以此為契約內容之意思者，自應認該房長之處分為有效（32 上 3014）。(3)公同共有祭產之處分，如由公同共有人中之一人或數人為之者。固應以得其他公同共有人全體之同意為生效要件。惟該地人有祭產管理人得代表祭產公同共有人全體處分祭產之習慣，可認祭產公同共有人有以此為契約內容之意思者，自不得謂祭產管理人之處分為無效（40 臺上 998）。(4)族人公同共有之嘗產被管理人侵占時，如該地有得由族中一人或數人起訴追還之習慣，得由該一人或數人代表全體起訴（31 上 149 參照）。(5)因公同共有祭產與第三人涉訟，縱其公同關係所由規定之契約未明定得由何人起訴或被訴，然我國一般習慣，祭產設有管理人者，其管理人有

---

❶ 請參閱民法物權編部分條文修正草案條文對照表第 828 條修正說明。

數人時，得共同以自己名義代表派下全體起訴或被訴，如僅一人，得單獨以自己代表全體起訴或被訴，無管理人者，各房長得共同以自己名義代表派下全體起訴或被訴，此項習慣，通常可認祭產公同共有人有以之為契約內容之意思（37 上 6064）。

二、準用第 820 條、第 821 條及第 826 條之 1 之規定

　　民法第 820 條是關於共有物之管理的規定，第 821 條是關於共有人對第三人之權利的規定，第 826 條之 1 是關於共有物使用、管理、分割或禁止分割之約定對應有部分繼受人效力之規定。這些條文，不僅適用於分別共有之情形，其於公同共有亦十分重要，且關係密切，因此民法明定於公同共有準用之，準用之情形如下：

　　㈠第 820 條之準用：公同共有準用第 820 條之結果，**公同共有物之保存行為，各公同共有人得單獨為之**（民 820 V）。**保存行為以外之其他管理，不問是改良行為或利用行為，除契約另有約定外，得依共有人及其潛在應有部分之多數決為之。**法院於特定情形下，亦得依共有人之聲請以裁定定公同共有物之管理方法（民 820 I–IV）。

　　㈡第 821 條之準用：民國 98 年民法物權編所有權章修訂前，有關公同共有人之一人或數人得否依民法第 821 條規定為全體公同共有人之利益行使物上請求權，實務見解前後不一。⑴採肯定見解者，如民國 25 年司法院院字第 1425 號解釋謂：「以公同共有之財產為訴訟標的，固應得公同共有人全體之同意，但不動產之公同共有人，若僅存甲乙二人，而甲之所在不明，事實上無從取得其同意，則乙就公同共有不動產之全部，為公同共有人全體之利益為回贖之請求，要難謂為當事人不適格。」最高法院 88 年臺上字第 822 號判決亦認為：「按公同共有物權利之行使，固應得公同共有人全體之同意，但事實上無法得全體公同共有人同意之情形時，如有對第三人起訴之必要，為公同共有人全體之利益計，僅由事實上無法得其同意之公同共有人以外之其他公同共有人單獨或共同起訴，要難謂其當事人之適格有欠缺。」⑵採否定見解者，如最高法院 29 年

上字第 494 號判例認為：「民法第 821 條之規定，於公同共有不適用之。故公同共有物所有人中之一人，未得公同共有人全體之同意，對侵害公同共有物無妨害除去請求權，對無權占有人亦不得就共有物之全部為本於所有權之行使請求返還於公同共有人全體。」又最高法院 82 年臺上字第 2720 號判決亦認為：「公同共有人對於公同共有物權利之行使，除法律或契約另有規定外，應得公同共有人全體之同意，民法第 828 條規定甚明。公同共有人對於第三人本於所有權之請求，既係對於公同共有物權利之行使，在解釋上尚無排除該條之適用。」對此，學說多採肯定見解。認為民法第 828 條第 2 項（舊條文）規定公同共有人行使權利應得全體公同共有人之同意，旨在保護公同共有人之利益，公同共有人中之一人對第三人就共有物之全部為本於所有權之主張，乃在保護全體共有人之權利。因此民法第 828 條第 2 項所定公同共有人行使權利應得全體公同共有人之同意，應作目的性的限縮解釋，以使用權及收益權為限，不應包括對第三人行使權利在內，尤其是所有物返還請求權❶。

　　民法於第 828 條第 2 項之中明定第 821 條於公同共有準用之，可以杜絕爭議。據此，**各公同共有人對於第三人得就公同共有物之全部為本於所有權之請求。但回復公同共有物之請求，僅得為公同共有人全體之利益為之。至關於對第三人本於所有權之請求，除物上請求權之行使準用外，鄰地通行權等相鄰關係權利之行使亦準用之❶**。

　　㈢第 826 條之 1 之準用：為保護交易安全及維持共有物管理關係之安定，不動產共有人間關於共有物使用、管理、分割或禁止分割之約定、決定或法院所為之管理裁定，於登記後，對於應有部分之受讓人或取得物權之人，具有效力；動產共有人間就共有物所為前述之約定、決定或法院所為之裁定，對於應有部分之受讓人或取得物權之人，以受讓或取得時知悉其情事或可得而知者為限，亦具有效力，為民法第 826 條之 1

❶　梅仲協，❷書，頁 403；王澤鑑，《民法物權(1)‧通則‧所有權》，2006 年，頁 392。

❶　謝在全，❶書，頁 7。

第 1、2 項所明定。惟此一條文，在分別共有之情形，因各共有人得自由處分其應有部分（民 819 I），在適用上，固無問題。但在公同共有之情形，各公同共有人基於公同關係，不得處分其潛在的應有部分，既不得處分其潛在的應有部分，即不可能有應有部分之受讓人或取得物權之人存在，因此第 826 條之 1 之規定於公同共有如何準用，不無疑問。大體而言，似在合夥人經他合夥人全體之同意，將自己股份轉讓與第三人時，始有準用之餘地。

三、應得公同共有人全體之同意

公同共有物之處分及其他之權利行使，除前述一、二、或其他法律另有規定外，應得公同共有人全體之同意（民 828 III）。茲析述其內涵如下：

㈠茲所謂「處分」，包括事實上處分及法律上處分。前者乃就共有物本身為物理的變形、改造或毀損所為之事實行為，如拆除房屋、變黃金為飾金是。後者係就標的物權利為限制、移轉、設定或消滅所為之法律行為，如所有權之移轉，地上權、抵押權之設定或共有物之拋棄是。惟茲所稱法律上處分，以處分行為（物權行為）為限，負擔行為（債權行為）不包括在內。公同共有中之一人或數人，就公同共有物所為之負擔行為（如買賣或租賃），縱未得公同共有人全體同意，亦屬有效。最高法院 33 年上字第 2489 號判例謂：「公同共有人中之一人，以公同共有物所有權之移轉為買賣契約之標的，並非所謂以不能之給付為契約標的，其移轉所有權之處分行為，雖因未經其他公同共有人之承認不能發生效力，而其關於買賣債權契約則非無效。」可資參照❶。

---

❶　最高法院 89 年臺上字第 2966 號判決：民法第 828 條第 2 項（舊條文）規定所謂公同共有物之處分，係指足使公同共有物所有權發生得喪變更或受限制之物權行為而言。約定拆除房屋之協議，僅係債權契約，並非處分行為，本件原審誤引本院 19 年上字第 2418 號及 37 年上字第 6419 號關於公同共有物處分之判例，認上述人鄭〇〇與被上訴人所訂系爭協議書，違反公同共

公同共有物之處分，不問是事實上處分，或是法律上處分，除法律另有規定外，應得公同共有人全體同意。公同共有人中之一人或數人，未得公同共有人全體同意所為之事實上處分，處分人應負侵權行為之責任；未得公同共有人全體同意所為之法律上處分，係屬無權處分，其效力未定（民 118），在得全體公同共有人同意前，對全體公同共有人不生效力。惟公同共有動產之處分，受讓人倘符合善意取得之要件，應依民法第 801 條規定定其效力，自不待言。

㈡至所謂「其他之權利行使」，指處分以外之其他權利之行使，舉凡公同共有物之使用、收益、變更、管理等權利之行使均包括在內。實務上所見之具體事項有：①時效利益之拋棄：時效利益之拋棄係處分行為之一種，公同共有人中一人未得全體共有人同意，向他人為拋棄時效利益之意思表示者，依法即非有效（53 臺上 2717）❷❶。②優先購買權之行使：基於公同共有之承租權所派生之優先購買權，亦為公同共有，行使優先購買權，應得公同共有人全體同意❷❶。③受領公同共有債權：繼承人共同出賣公同共有之遺產，其所取得之價金債權，仍為公同共有，並非連帶債權，公同共有人受領公同共有債權之清償，應共同為之，除得全體公同共有人之同意外，無由其中一人或數人單獨受領之權（74 臺上 748）。④土地徵收補償費之領取：公同共有土地被公用徵收，其徵收補償費之領取，係屬民法第 828 條第 2 項規定（舊條文）之其他之權利行使，依該條規定，除契約另有規定外，應得公同共有人全體之同意❷❷。⑤變更為分別共有：繼承人有數人時，在分割遺產前，各繼承人對遺產全部為公同共有，而公同共有物處分及其他權利之行使，應得公同共有

有物處分之規定，自始無效，因而為上訴人鄭○○不利之判決，自有可議。

❷❶ 時效利益之拋棄，雖係處分行為之一種，但非屬公同共有物之處分，因此將之列入其他權利之行使。

❷❶ 司法院 75.10.30 (75) 廳民一字第 1656 號函，《司法院公報》第 28 卷第 12 期，頁 68–69。

❷❷ 法務部 79.2.26 法 (79) 律字第 2492 號函，《法務部公報》第 118 期，頁 85。

人全體之同意（民 1151、828 II）。所謂「其他權利之行使」，應解為共有物之使用、收益、變更、管理等權利在內，而將公同共有物變更為分別共有物，自屬使物權關係發生變更之行為，依上開規定，應得公同共有人全體之同意，至少亦應得其中過半數及其應有部分過半數之同意（土地法 34 之 1）❷。⑥提起第三人異議之訴：依強制執行法第 15 條規定提起第三人異議之訴，應由全體公同共有人為原告或得其同意而提起，其當事人之適格，始無欠缺❷等。總而言之，處分以外其他權利之行使，除法律另有規定外，亦應得公同共有人全體之同意。

㈢所謂公同共有人全體「同意」，其方式無論是明示或默示，亦不問是事前允許或事後承認（88 臺上 1645 判決），均無不可，且不以書面為必要（65 臺上 1416）。至公同共有物之處分及其他之權利行使，經公同共有人全體同意委由公同共有人中之一人或數人為之者，亦無不可（32 上 5188）。

㈣土地法第 34 條之 1 第 5 項規定之準用

土地法第 34 條之 1 第 5 項規定：「前四項規定，於公同共有準用之。」按土地法第 34 條之 1 係有關共有不動產（土地及建築改良物）之處分、變更及設定負擔之規定。公同共有不動產之處分、變更及設定地上權、永佃權（農育權）、地役權（不動產役權）或典權準用土地法第 34 條之 1 第 1 項規定之結果，則只要公同共有人過半數及其潛在應有部分合計過半數之同意行之即可，但其潛在應有部分合計逾三分之二者，其人數得不予計算。準用第 2 項之結果，則前項同意處分之公同共有人應以書面通知他公同共有人，其不能以書面通知者，應公告之。準用第 3 項之結果，則第 1 項同意處分之公同共有人對於他公同共有人應得之對價或補償負連帶清償責任，於為權利變更登記時，並應提出他公同共有人已為受領或為其提存之證明，其因而取得不動產物權者，應代他公同共有人

---

❷　71.3 司法院司法業務研究會第 1 期。

❷　最高法院 78 年臺上字第 455 號判決，《最高法院民刑事裁判選輯》第 10 卷第 1 期，頁 225。

申請登記。應注意者，上開準用規定，固應優先於民法第 828 條第 3 項規定適用，但民法第 828 條第 1 項規定仍應優先於上開準用規定而適用❷。

　　至於土地法第 34 條之 1 第 4 項規定：「共有人出賣其應有部分時，他共有人得以同一價格共同或單獨優先承購。」此一規定於公同共有如何準用，是一問題。蓋因公同共有人基於公同關係不得處分其潛在的應有部分，既不得處分（出賣）其潛在的應有部分，他共有人自無主張優先購買權之餘地。惟因如前所述，在分別共有之情形，部分共有人依土地法第 34 條之 1 第 1 項之規定出賣共有不動產時，就共有人而言，仍為出賣其應有部分，對於他共有人之應有部分，僅有權代為處分，並非剝奪他共有人之優先承買權，故應在程序上先就其應有部分通知他共有人是否願意優先購買（土地法第三十四條之一執行要點 11 ①）。於此情形，不同意處分之他共有人，得依土地法第 34 條之 1 第 4 項規定行使優先購買權，以防止部分共有人以顯不相當之對價，任意處分共有土地，致損害他共有人之權益❷。準此，公同共有人依多數決出售公同共有不動產時，不同意處分之公同共有人得準用土地法第 34 條之 1 第 4 項規定對多數同意處分之公同共有人的應有部分行使優先購買權。至於行使優先購買權應具備之要件，可參照分別共有相關部分之說明，茲不贅述。

　　另值注意者，共有物之應有部分，係指共有人對共有物所有權之比例，性質上與所有權並無不同，是不動產之應有部分如屬公同共有者，其讓與自得依土地法第 34 條之 1 第 5 項準用第 1 項之規定（釋 562）。例如甲、乙、丙共同出資購買土地一筆，應有部分各三分之一。嗣後甲因故死亡，其應有部分由其子女 A、B、C 共同繼承，該應有部分即屬 A、B、C 三人之公同共有（民 1151）。A 若要處分其與 B、C 共同繼承之應有部分，依土地法第 34 條之 1 第 1 項之規定，只要徵求 B 或 C 之同意（多數同意）即可。惟倘乙或丙出賣其應有部分，而 A 欲主張優先購買權時，則須依民法第 828 條第 3 項之規定徵求 B 及 C 之同意（全體同意）始可。

---

❷　謝在全，❿書，頁 10。
❷　溫豐文，《土地法》，2009 年，頁 126。

第五節 公同共有之消滅與公同共有物之分割

一、公同共有之消滅

公同共有之消滅，其原因除與一般物權消滅原因，如共有物之滅失、公用徵收、沒收或他人因時效取得等共通者外，民法第 830 條第 1 項設有二項**特殊消滅原因。一為公同關係之終止，二為公同共有物之讓與。**茲分述之：

㈠**公同關係之終止：所謂公同關係之終止，乃公同共有人相互間同一利害與共之目的終結也**[27]。公同關係是公同共有基礎之法律關係，一旦終止，公同共有即失所附麗，歸於消滅。至於公同關係終止之原因，亦依其所由生之法律、法律行為或習慣定之，例如：合夥之解散（民 692）、夫妻以契約廢止共同財產契約或改用他種約定財產制（民 1012）、或共同財產下夫妻之一方死亡（民 1039）或離婚（民 1058），繼承人請求分割遺產（民 1164）[28]，祭祀公業之清理（祭祀公業條例 50）、神明會土地之清理（地籍清理條例 24）[29] 等是。應注意的是，公同關係，雖具有

---

[27] 李肇偉，❷書，頁 238。

[28] 最高法院 88 年臺上字第 2837 號判決：按民法第 1164 條所定之遺產分割，係以遺產為一體，整個的為分割，而非以遺產中個個財產之分割為對象，亦即遺產分割之目的在遺產公同共有關係全部之廢止，而非個個財產公同共有關係之消滅。上訴人既依民法第 1164 條規定訴請分割遺產，除非依民法第 828 條、第 829 條規定，經全體公同共有人同意，僅就特定財產為分割，否則依法即應以全部遺產為分割對象。

[29] 在地籍清理條例施行前（民國 96 年 3 月 21 日公布，97 年 7 月 1 日施行），神明會因解散而終止公同關係，其原因有：一、因規約或慣例所定解散事由之發生。二、目的事業之不能完成。三、經會員大會之決議。四、神明會之土地喪失等。請參閱法務部編，《臺灣民事習慣調查報告》，法務通訊雜誌社發行，1984 年，頁 666。

終止之原因，通常尚須經清算之程序，俟清算完結，始生終止之效力，非謂公同關係終止原因一經發生，即生終止之效力。例如合夥關係之終止，於合夥解散後，非經清算完結，其合夥之關係不能消滅。至清算人之職務實包含了結現在事務、索取債權、清償債務及分配餘存財產各項，並不僅限於結算帳目即為完結。故對於合夥之財產在清算未完結以前，合夥人間之公同共有關係尚仍存在，不得由合夥人中之一人，向執行清算人請求按其成數先行償還股本（18 上 2536）。

㈡**公同共有物之讓與：所謂公同共有物之讓與，係指將公同共有物之所有權轉讓於他人而言。**公同共有物讓與他人後，公同共有人對該標的物喪失所有權，該標的物之公同共有關係因而歸於消滅。惟值注意者，此在無償讓與（贈與）時固然消滅，但在有償讓與（買賣或互易）時，基於公同共有之財產具有一定獨立性，公同共有將繼續存在於讓與後之對價上（74 臺上 748 參照）。又公同共有物為政府徵收而領得之補償金，仍屬公同共有。必俟對價或補償金分配於各公同共有人後，始生共有關係消滅之效果❸。

二、公同共有物之分割

民法第 829 條規定：「公同關係存續中，各公同共有人不得請求分割公同共有物。」據此，**公同共有物之分割，須俟公同關係消滅後，始得為之。其方法與效力，除法律另有規定外，準用關於共有物分割之規定**（民 830 II）。所謂法律另有規定，例如對合夥財產之分割應依民法第 697 條至第 699 條之規定，對夫妻共同財產之分割應依民法第 1040 條之規定，對遺產之分割應依民法第 1164 條至第 1173 條之規定。申言之，除上開

---

❸ 最高法院 88 年臺上字第 410 號判決：祭祀公業之祀產為政府徵收而領得之補償金，仍屬派下全體所公同共有。同意分配該補償金予全體派下，發生消滅共有關係之效果，固須依公業管理規章有關處分財產之規定處理。惟於同意分配補償金予全體派下後，究應按如何之比例分配予各派下，則應依各派下所擁有之派下權比例為之。

法律規定外，公同共有物之分割方法應準用民法第824條規定，分割效力應準用民法第824條之1第1、4、5項、第825條及第826條之規定。

　　公同共有物之分割方法準用第824條規定之結果，有協議分割與裁判分割兩種方法，其中請求公同共有物分割之訴，亦為固有之必要共同訴訟，應由同意分割之公同共有人全體一同起訴，並以反對分割之其他公同共有人全體為共同被告，其他公同共有人中之一人或數人不反對分割，亦不願共同起訴者，仍應以之為被告，於當事人之適格始無欠缺（30上135、32上4986、37上7366）。公同共有物之分割效力準用第824條之1第1、4、5項之結果，各公同共有人於分割效力發生時起，取得分得部分之所有權。其因不動產之裁判分割而應受補償之共有人對於補償義務人之補償金債權，就補償義務人分得之不動產有法定抵押權。此項法定抵押權，於向地政機關申請共有物分割登記時，應一併申請登記之。準用第825條之結果，各公同共有人對於他公同共有人因分割而得之物按其潛在的應有部分負與出賣人同一之擔保責任。準用第826條之結果，各分割人應保存其所得物之證書，關於公同共有物之證書歸取得最大部分之人保存之，無取得最大部分者，由分割人協議定之，不能協議決定者，得聲請法院指定之。各分割人並得請求使用他分割人所保存之證書。

第六節　公同共有與分別共有之區別

　　公同共有與分別共有雖然均是數人共同享有一物之所有權，但二者存在著下列差異：

　　一、成立基礎不同：公同共有係基於公同關係而成立，分別共有則係基於人或物之集合而成立。所謂公同關係，前已述及，乃二人以上因共同目的相互結合而形成利害與共之關係。所謂人或物之集合，例如任意邀集數人購買產業（人的集合），兩個不能分別主從之動產附合或混合（物的集合）是。

　　二、標的物不同：公同共有之標的物通常為多數，而以公同共有財

產或公同財產（如合夥財產、祀產、遺產）之型態呈現。例如甲、乙、丙三人繼承其父 A 地、B 屋及 C 車之遺產，甲、乙、丙分別就 A 地、B 屋及 C 車成立公同共有，而 A 地、B 屋及 C 車為甲、乙、丙共同繼承之遺產。反之，分別共有之標的物多為單一或少數。

三、應有部分之存在形式不同：公同共有僅有潛在的應有部分，分別共有則有顯在（明顯）的應有部分。因此，就土地登記而言，如為公同共有，各公同共有人之權利範圍，在土地登記簿上登載為「公同共有‧一分之一」。如為分別共有，各分別共有人則按其應有部分比例登載為「幾分之幾」**㉛**。

四、權利之行使不同：在公同共有，公同共有人之權利係及於公同共有物之全部，因此公同共有物之使用收益應得公同共有人全體之同意，且公同共有人不得自由處分其潛在的應有部分。在分別共有，各分別共有人按其應有部分享有共有物之所有權，因此各分別共有人得按其應有部分對於共有物有使用收益權，且得自由處分其應有部分。

五、分割之限制不同：各公同共有人在公同關係存續中，不得請求分割其公同共有物（民 829）。各分別共有人，除法令另有規定及因物之使用目的不能分割或契約訂有不分割之期限者外，得隨時請求分割共有物（民 823）。

㉛ 如為單獨所有之不動產，土地登記簿權利範圍欄，則登載為「全部」。

準共有

　　所有權以外之財產權，為數人共同享有者，謂之準共有。依民法第
831條規定：「本節規定，於所有權以外之財產權，由數人共有或公同共
有者，準用之。」據此可知，**準共有之標的，以所有權以外之財產權為限。**
所謂所有權以外之財產權，包括定限物權（如共有地上權、抵押權等）、
債權（如共有租賃權、損害賠償請求權等）、準物權（如共有礦業權、漁
業權等）與無體財產權（如共有著作權、專利權等）。**非財產權，不問是
人格權或是身分權，固不在其範圍內，占有，依我民法規定係事實而非
權利，亦不在其射程距離內❶。**至於所謂準用，並非完全適用，乃依事
項之性質可以適用者方可適用，非謂所有有關所有權共有之規定，一律
適用於所有權以外之共有財產權。**至於究應準用分別共有或公同共有之
規定，則視其共有關係而定。**一般而言，數人共有一所有權以外之財產
權係基於公同關係而生者，例如因合夥、繼承、夫妻共同財產等而共有
一所有權以外之財產權者，自應準用公同共有之規定，否則即應準用分
別共有之規定。惟法律對各該財產權倘設有特別規定者，自應優先適用。
茲將所有權以外之財產權準用所有權共有規定之情形析述如下。

第一節　定限物權之準共有

　　定限物權者，乃僅得於一定範圍內，支配標的物之物權，土地法稱
為他項權利❷。定限物權不論是地上權、農育權、不動產役權、典權等

---

❶　占有究為權利或為事實，各國因立法例之不同而有異，羅馬法認占有為權
　　利，稱為占有權，法國（法民2228）、日本（日民180）與韓國（韓民192）
　　民法採之，日耳曼法則認占有為事實，稱為占有，德國（德民854）、瑞士
　　（瑞民919）民法採之，我國民法仿德、瑞立法例，規定占有僅係一項事實
　　而非權利。請參閱謝在全，《民法物權論（下）》，2007年，頁469；鄭玉波
　　著，黃宗樂修訂，《民法物權》，三民書局，2007年，頁345。

❷　定限物權為與完全物權相對之名稱，完全物權即所有權，乃對物之使用價值
　　和交換價值為全面支配之物權。定限物權，則指僅在一定範圍內對物為支配
　　之物權，其中用益物權僅能支配物之使用價值，不能支配交換價值；反之，

用益物權或是抵押權、質權、留置權等擔保物權，均得為準共有之標的。其中最為常見者為地上權之準共有及抵押權之準共有，茲分述如下：

一、地上權之準共有

甲將其土地設定地上權於乙、丙，由乙、丙按應有部分共同享有地上權，準用民法第 818 條規定，乙、丙按其應有部分對該地之全部有使用收益之權，準用第 819 條第 1 項規定，乙、丙並得各自將該地上權之應有部分讓與他人或設定抵押權。但以該地上權讓與他人或設定抵押權時，應得共有人全體同意（民 819 II）。

二、抵押權之準共有

甲向乙貸款，以其土地一筆設定抵押權於乙作擔保，嗣乙因故死亡，由其子女丙、丁繼承，則丙、丁在甲之土地上公同共有抵押權，其中，乙或丙行使抵押權時，準用民法第 828 條第 3 項規定，應經他共有人同意，始得為之。應注意者，共有抵押權與共同抵押權在概念上迥不相同，前者乃數人共有一抵押權之謂，後者則指以數個不動產擔保一債權之抵押權而言，例如甲向乙貸款三百萬元，以自己各值兩百萬元之兩筆土地為乙設定抵押權是。二者有別，不可不辨。

第二節　債權之準共有

債權者，乃特定人得請求特定人為一定給付（作為或不作為）之權利，為財產權之一種，自得為準共有之標的。關於債權之準共有，依其性質，亦可分為債權之準分別共有與債權之準公同共有兩種❸。茲分述之：

擔保物權只能支配物的交換價值，不能支配使用價值。

❸　謝在全，《民法物權論（中）》，2009 年，頁 26。

一、債權之準分別共有

債權之準分別共有者，乃數人按其應有部分共同享有一債權，其效力準用分別共有之規定，例如甲、乙共同向丙承租房屋而共有房屋租賃權，或共有人對於第三人侵害其共有物而共有損害賠償請求權是。數人分別共有一債權，如何準用分別共有之規定？**實務見解認為：其給付可分者，由共有債權人平均分享之（民271），即各得按其應有部分請求債務人為一部之給付，無民法第831條之適用；其給付不可分者，始有第831條之適用❹**。

上述見解，在理論上似有研究之餘地。蓋如前所述，債權之準分別共有，乃數人按其應有部分共同享有一債權，其效力準用分別共有之規定。各共有人固按其應有部分享有債權，但該應有部分僅係抽象的存在，分割之前，不能認為其給付為可分，亦即各共有人僅得請求債務人向全體共有人為給付，而債務人亦僅得對共有人全體為給付。因此，在債權準分別共有之情形，無論其給付是否可分，應解為均有民法第831條之

---

❹ (1)民國28年司法院院字第1950號解釋謂：……至債權的請求權，例如共有物因侵權行為而滅失毀損之損害賠償請求權，固不在民法第821條規定之列，惟應以金錢賠償損害時，其請求權為可分債權，各共有人得按其應有部分請求賠償。即使應以回復原狀之方法賠償損害而其給付不可分者，依民法第293條第1項之規定，各共有人亦得為各共有人全體請求向其全體為給付，故以債權的請求權為訴訟標的之訴訟，無論給付是否可分，各共有人均得單獨提起之。

(2)最高法院71年臺上字第2121號判決，對訴訟兩造兄弟以四人名義在某銀行設立定期存款帳戶，請求分割系爭存款一案，認為此項存款債權，為債權之共有，如為可分之債，兩造之權利，依法推定為均等，各得單獨行使其權利，固無分割請求之必要。然依上訴人起訴所主張之原因事實以觀，必須兩造全體蓋章，始得向銀行領取存款，核其性質，似為當事人間約定不可分之債。果係如此，上訴人自非不得依民法第831條準用公同共有之規定，就系爭存款為分割之請求。

適用，似較妥當❺。

二、債權之準公同共有

　　債權之準公同共有者，指依法律規定、習慣或法律行為成一公同關係之數人，基於公同關係而共有一債權，其效力準用公同共有之規定，例如合夥對外所生之債權，或分割前遺產中之債權是。**數人公同共有一債權，如何準用公同共有之規定？實務見解認為：無論其給付是否可分，除依其公同關係所由規定之法律或規約另有規定者外，應依民法第 831 條準用第 828 條第 3 項之規定，由債權人共同行使之❻。**此一見解，可資贊同。據此，公同共有債權準用第 828 條規定，則公同共有人之權利義務，依其公同共有關係所由成立之法律、法律行為或習慣定之。公同共有債權之處分及其他之權利行使，除法律另有規定外，應得公同共有人全體同意。準用第 829 條規定公同關係存續中，各公同共有人不得請求分割公同共有債權，公同共有債權經債務人清償後，債權人受領之給

---

❺　鄭玉波，〈準共有之債及公同共有之債〉，氏著《民商法問題研究㈠》，國立
　　臺灣大學法學叢書編輯委員會，1976 年，頁 195；孫森焱，《民法債編總論・
　　下冊》，2001 年，頁 929；王澤鑑，《民法物權》，2009 年，頁 337。

❻　⑴最高法院 74 年臺上字第 748 號判例：繼承人共同出賣公同共有之遺產，
　　　其取得之價金債權，仍為公同共有，並非連帶債權，公同共有人受領公同
　　　共有債權之清償，應共同為之，除得全體共有人之同意外，無由其中一人
　　　或數人單獨受領之權。
　　⑵最高法院 86 年臺上字第 699 號判決：依法律規定或依契約而成一公同關
　　　係之數人，基於該公同關係而共有一債權者，係屬公同共有債權，除依其
　　　公同關係所由規定之法律或契約另有規定者外，依民法第 831 條準用第
　　　828 條第 2 項（舊條文）之規定，該公同共有債權之權利，應得全體公同
　　　共有人之同意行之。本件上訴人等八人，均為吳某之概括繼承人，所繼承
　　　吳某系爭土地之所有權移轉登記請求權，係屬公同共有債權，並非連帶債
　　　權，依上說明，除得全體公同共有人之同意外，殊無由其中一人或數人單
　　　獨對債務人，即被上訴人請求之餘地。

付物，仍屬公同共有❼。

第三節　準物權之準共有

　　非民法上之物權，而在法律上視為物權，準用民法關於不動產物權之規定者，稱為準物權❽。例如礦業權（礦業法 8）、漁業權（漁業法 20）、水權是。此等財產權得為準共有之標的，而準用所有權有關共有之規定，惟關於此等財產權之法律對該財產權之共有有特別規定者，自應優先適用。例如礦業法第 9 條規定：礦業權不得分割。但有合辦關係，合於礦利原則者，經主管機關核准，得分割之，其面積不得小於第 7 條（礦區面積限制）所規定最小限度。漁業法第 26 條規定：漁業權非經核准主管機關許可，不得合併或分割。同法第 27 條規定：①定置漁業權、區劃漁業權或入漁權之共有人，非經應有部分三分之二以上之其他共有人之同意，不得處分其應有部分。②前項規定，於公同共有準用之。又如水利法第 31 條規定：共有水權之登記，由共有人聯名或其代理人申請之。上開規定，均應優先適用。

第四節　無體財產權之準共有

　　以人類精神或智能之產物為標的之權利，稱為無體財產權或智慧財產權，著作權、商標權、專利權等屬之❾。此等財產權亦得為準共有之標的，準用所有權共有之規定。惟關於此等財產權之法律對該財產共有有特別規定者，自應優先適用。

　　例如著作權法分別就著作人格權及著作財產權之行使設有特別規定。⑴在著作人格權方面，著作權法第 19 條規定：①共同著作之著作人

---

❼　孫森焱，❺書，頁 932。

❽　施啟揚，《民法總則》，2005 年，頁 32。

❾　李模，《民法總則之理論與實用》，1998 年，頁 29；施啟揚，❽書，頁 32。

格權，非經著作人全體同意，不得行使之。各著作人無正當理由者，不得拒絕同意。②共同著作之著作人，得於著作人中選定代表人行使著作人格權。③對於前項代表人之代表權所加限制，不得對抗善意第三人。

(2)在著作財產權方面，著作權法第 40 條規定：①共同著作各著作人之應有部分，依共同著作人間之約定定之；無約定者，依各著作人參與創作之程度定之。各著作人參與創作之程度不明時，推定為均等。②共同著作之著作人拋棄其應有部分者，其應有部分由其他共同著作人依其應有部分之比例分享之。③前項規定，於共同著作之著作人死亡無繼承人或消滅後無承受人者，準用之。同法第 40 條之 1 規定：①共有之著作財產權，非經著作財產權人全體同意，不得行使之；各著作財產權人非經其他共有著作財產權人之同意，不得以其應有部分讓與他人或為他人設定質權。各著作財產權人，無正當理由者，不得拒絕同意。②共有著作財產權人，得於著作財產權人中選定代表人行使著作財產權。對於代表人之代表權所加限制，不得對抗善意第三人。③前條第 2 項及第 3 項規定，於共有著作財產權準用之。上開規定應優先於民法適用。

至於專利權之行使，專利法第 61 條及第 62 條設有特別規定，依專利法第 61 條規定：發明專利權為共有時，除共有人自己實施外，非得共有人全體之同意，不得讓與或授權他人實施。但契約另有約定者，從其約定。第 62 條規定：發明專利權共有人未得共有人全體同意，不得以其應有部分讓與、信託他人或設定質權。上開規定，同樣地亦均應優先適用。

區分所有建築物之
共有部分

第一節 前言

建築物之所有型態有三種：一、單獨所有。二、共同所有。三、區分所有。單獨所有乃一人單獨享有一棟建築物所有權。共同所有係數人共享一棟建築物所有權。區分所有則指數人區分一棟建築物而各有其一部分所有權也。區分所有與單獨所有及共同所有不同，在單獨所有，所有權之行使及於建築物之全部。在共同所有，各共有人之應有部分係抽象的存在於共有物上，共有物之每一微小部分均有應有部分存在，故各共有人按其應有部分對於建築物之全部有使用、收益之權（民818）。換言之，共有人行使權利，仍可及於建築物之全部。在區分所有，不論其區分為分幢所有、分層所有或分套所有，其所有權之行使，僅能及於建築物所分有之特定專有部分，而不能達於全部，此點與單獨所有同而與共同所有異，但區分所有不無共有部分，例如樓梯間、電梯間、公共走廊、共用正門等，此等共有部分之任何微小部分均為各區分所有人權利義務之所及，此點與單獨所有異與共同所有同。

上述三種型態，由於臺灣地區地狹人稠，工商發達，地價飆漲，以致土地利用趨於立體化，高樓建築日益增加，因此區分所有有成為主流之趨勢。所謂區分所有建築物，乃數人區分一建築物而各專有其一部，就專有部分有單獨所有權，並就該建築物及其附屬物之共同部分共有之建築物（民799 I）。換言之，區分所有建築物係由專有部分與共有部分所構成。其中之**共有部分，指區分所有建築物專有部分以外之其他部分及不屬於專有部分之附屬物**（民799 II後段）。**換言之，共有部分包括：**(1)**專有部分以外之其他部分。**(2)**不屬於專有部分之附屬物。**前者如樓梯間、電梯間、走廊、地下室是。後者如共用之衛生給水設備、排水設備、空調設備及各種配線、配管等設備是。民法所稱「共有部分」，公寓大廈管理條例以「共用部分」稱之（公寓2②），此乃因民法著重在其物權關係之本質，而公寓大廈管理條例著重在其係供區分所有人共同使用之故，

亦即因著眼點不同而使用不同名稱❶。專有部分是構成區分所有建築物之基礎，而共有部分則是結合各個專有部分之紐帶。茲分述共有部分之分類、比例與性質及使用如下。

第二節　共有部分之分類

共有部分就其性質言，可分為法定共有部分與約定共有部分；就其所有關係言，可分為全體共有部分與一部共有部分。

一、法定共有部分與約定共有部分

法定共有部分又稱當然共有部分，**係指在構造上只能由區分所有人共有，各區分所有人不得以合意變更，轉換為專有所有權之部分。**一般而言，民法第 799 條第 2 項後段所定區分所有建築物以外之其他部分及不屬於專有部分之附屬物，均屬之。法定共有部分，既不得供做專有部分，是即當然共有部分。

約定共有部分，**指區分所有建築物在構造上或使用上可獨立且得單獨為所有權標的者，但屬區分所有人共有之部分。**約定共有部分得以合意變更轉換為專有所有權，此點與法定共有部分屬於當然共有不同。此外，約定共有部分與約定共用部分亦不盡相同，蓋約定共用部分如為特定區分所有人所有，經該區分所有人同意，依規約或區分所有人會議約定供區分所有人共同使用者，要難謂其係約定共有部分。

二、全體共有部分與一部共有部分

區分所有建築物之共有部分，有由全體區分所有人共有者，有僅由部分區分所有人共有者。前者為**全體共有部分**，俗稱「大公」，如共用之大門、中央空調、電梯間等。後者為**一部共有部分**，俗稱「小公」，如某

---

❶　公寓大廈管理條例制定於民國 84 年，分總則、住戶之權利義務、管理組織、管理服務人、罰則、附則等六章，共有六十三條條文。

層樓共用之走廊、露臺是。我國民法及公寓大廈管理條例對此項分類雖未規定❷，但土地登記規則第 81 條第 1 項規定：「區分所有建物所屬共有部分，除法令另有規定外，依區分所有權人按其設置目的及實際使用性質之約定情形，分別合併，另編建號，單獨登記為各相關區分所有權人共有。」是承認共有部分得分為全體共有部分與一部共有部分。惟當全體共有部分與一部共有部分不明時，以解為全體共有部分為宜❸。

第三節　共有部分之比例與性質

一、共有部分之比例

各區分所有人對共有部分之應有部分比例，依民法第 799 條第 4 項規定，除另有約定者，從其約定外，按其專有部分面積與專有部分總面積比例定之。所謂專有部分面積，依公寓大廈管理條例第 56 條第 3 項及地籍測量實施規則第 273 條規定，其邊界為外牆（含支柱）者，以牆壁（支柱）之外緣為界；為分戶牆（含支柱）者，以牆壁（支柱）之中心線為界測繪之❹。至專有部分總面積則指各個專有部分之面積總和而言。

---

❷　日本建物區分法第 11 條第 1 項規定：「共用部分屬於區分所有人全體之共有，但一部共用部分屬於應共用該部分之區分所有人之共有。」即明揭此一分類。

❸　玉田弘毅，《建築物區分所有法の現代的課題》，商事法務研究會，1981 年，頁 158。

❹　陳立夫先生認為此項專有部分面積之測繪方法違反公寓大廈管理條例第 7 條規定。詳見陳文，〈我國土地登記法制若干問題之辨析〉，《台灣法學》第 121 期，頁 281。在日本，依不動產登記法施行令第 8 條規定，專有部分之地板面積（床面積）係以區劃內側線（區分部分內壁）之水平投影面積為準。詳見渡邊晉，《區分所有法の解說》，住宅新報社，2004 年，頁 38；稻本洋之助、鎌野邦樹，《コンメンタール・マンシヨン區分所有法》，日本評論社，2004 年，頁 89。

惟依上述方法計算共有部分之比例僅是原則，如區分所有人另有約定者，自應從其約定。如區分所有人得約定以專有部分之價格比例定應有部分，或約定購置地下停車位者，在地下室持有較多比例的應有部分是。

二、共有部分之性質

依民法第 799 條第 4 項暨公寓大廈管理條例第 3 條第 2 款規定，共有部分係由區分所有人按其應有部分共有所有權。既係由區分所有人按其應有部分共有所有權，則其**共有型態應屬分別共有。我國學者通說亦認為區分所有建築物之共有部分係屬民法第 823 條第 1 項所定依物之使用目的不能分割之分別共有，亦即互有❺**。惟在學理上，縱割式（分幢所有）區分所有建築物之共有部分除共同壁外，別無他物，其共有部分極為單純，各區分所有人之結合狀態極為薄弱，各區分所有人對於共有部分，按其應有部分，不但得自由使用收益，而且可自由處分，因而解為分別共有，或許適當。但是橫切式（分層所有）或混合式（分套所有）區分所有建物，其共有部分較為複雜，除共同壁外，尚有共用之大門、樓梯、屋頂、地下室、水塔、管線等，區分所有人相互間為管理共有部分以及處理共同事項，須組成一管理組織，期能藉該管理組織之力量，妥訂管理方案，以維護區分所有建築物各部分應有之機能及解決彼此間之紛爭，進而維持共同生活秩序，促進彼此間之共同利益，因此區分所有人間可謂形成一公同關係，甚至結合成一息息相關之社區共同體。各區分所有人對共有部分之使用、收益、處分，基於公共安全與共同利益之考量，須受規約之拘束。是以橫切式或混合式區分所有建築物共有部分之所有關係與縱割式不同，將其解釋為具有公同共有性質似較恰當❻。惟不問如何，**區分所有建築物之共有部分具有不可分割性與從屬**

---

❺　史尚寬，《物權法論》，1979 年，頁 110；謝在全，《民法物權論（上）》，2009 年，頁 356、382；王澤鑑，《民法物權》，2009 年，頁 221。

❻　區分所有建築物之共有部分具有公同共有性質是日本通說。請見我妻榮，《債權各論（中卷二）》，岩波書店，1973 年，頁 752；川島武宜編，《注釋

性兩個特性。

(一)不可分割性：土地登記規則第 94 條前段規定：「**區分所有建物之共有部分不得分割。**」蓋共有部分若允許分割，則有背共用之目的，區分所有權人必互蒙不利也❼。

(二)從屬性：民法第 799 條第 5 項規定：「專有部分與其所屬之共有部分及其基地之權利，不得分離而為移轉或設定負擔。」據此，土地登記規則第 94 條後段進一步規定：**區分所有建物之共有部分，「除法令另有規定外，應隨同各相關專有部分移轉、設定或限制登記。」**是知共有部分從屬於專有部分，有關共有部分之從屬性，可分下述三點說明：

1.**共有部分應隨同專有部分移轉**：即區分所有人不得自己保留共有部分之應有部分，而單獨將專有部分所有權移轉於他人；亦不得自己保留專有部分所有權，而將共有部分之應有部分移轉於他人，更不得以共有部分應有部分及專有部分所有權分別移轉於不同之人。

2.**共有部分應隨同專有部分設定負擔**：即區分所有人以專有部分設定抵押權、典權時，共有部分應隨同為之，出租亦應做相同解釋。區分所有人以區分所有建築物之專有部分設定抵押，經地政機關登記在案，惟其另編建號之共有部分，地政機關未予辦理抵押權設定登記，當抵押權人實行抵押權時，其效力及於共有部分。實務見解亦認為，公寓之公共設施部分，依民法第 799 條之規定為該公寓各區分所有人共有(互有)，而此項互有部分與區分所有之專有部分，具有同一之經濟目的，不得與專有部分分離而處分，自屬專有部分之從物，依民法第 862 條第 1 項規定，不待登記，當然為抵押權效力所及❽。

民法(7)・物權(2)》，有斐閣，1978 年，頁 377；玉田弘毅，《建物の區分所有に關する若干の考察》，私法 29 號，頁 265；丸山英氣，《區分所有建物の法律問題》，三省堂，1981 年，頁 131。

❼ 鄭玉波著，黃宗樂修訂，《民法物權》，三民書局，2007 年，頁 151。

❽ 司法院第一廳研究意見(72.5 司法院司法業務研究會第 3 期)，黃宗樂監修，《六法全書・民法》，保成文化事業出版公司，1993 年版，頁 991。

3.**共有部分應隨同專有部分為限制登記**：所謂限制登記，乃限制登記名義人處分其土地權利所為之登記，包括預告登記、查封、假扣押、假處分或破產登記，及其他依法律所為禁止處分之登記（土登 136）。申言之，預告登記之權利人為保全專有部分之請求權，就區分所有人之專有部分申請為預告登記時，或法院囑託地政機關就區分所有人之專有部分為查封、假扣押、假處分或破產登記時，其共有部分應隨同為相同之限制登記。

綜上所述，共有部分從屬於專有部分，不得與專有部分分離而處分，應與專有部分同其命運。

第四節　共有部分所有權之內容

共有部分之使用、收益、處分，除受公寓大廈管理條例之限制外，尚須受管理規約之拘束，茲析述其內涵如下：

一、使用：指依共有部分之用法以供生活需要而言。**住戶對共有部分應依其設置目的及通常使用方法為之**（公寓 9 II 前段）。亦即住戶應按共有部分之本來用途而使用。所謂本來用途又稱固有用途，指依共有部分之種類、位置、構造、性質使用而言。例如在地下室停車，在庭院散步，在屋頂曬衣服或乘用電梯、通行走道是。住戶若違反本來用途使用共有部分（如將樓梯間當作倉庫任意堆積物品）時，管理負責人或管理委員會應予制止，並得按其性質請求各該主管機關或訴請法院為必要之處置，如有損害，並得請求損害賠償（公寓 9 IV）。

又區分所有權人應按其共有之應有部分比例使用共有部分（公寓 9 I 前段），惟共有部分之使用方式有共同使用與輪流使用二種，例如電梯、走廊等依其性質適合供作共同使用，但如會客室、停車棚等因其使用具有排他性，只適合供作輪流使用。因此所稱由區分所有權人按其共有之應有部分比例使用共有部分，應解為僅限於適合供作輪流使用之共有部分而已，其適合供作共同使用之共有部分，不包括之。適合供作共同使

用之共有部分的使用，應視住戶實際使用需要而定，不宜按其應有部分而定。

二、**收益**：指收取共有部分之天然孳息及法定孳息而言。如將共有的地下室設置停車場出租收取租金是。此項**孳息之收取，除規約另有訂定或區分所有權人會議另有決議外，由區分所有權人按其應有部分比例收取之**（公寓9 I）。

三、**處分**：所謂處分包括事實上之處分與法律上之處分。

㈠事實上之處分：指變更或拆除共有部分而言。**有關共有部分及其相關設施之拆除或變更，應依區分所有權人會議之決議，始得為之**（公寓11 I）。

㈡法律上之處分：指變更、限制或消滅共有部分之權利而言。**區分所有權人處分共有部分應有部分時，應隨同專有部分及基地所有權或地上權為之**（民799 V、公寓4 II）。

第五節　共有部分之專用權

區分所有建築物之共有部分，各區分所有人得按其應有部分之比例使用收益（公寓9 I）。惟為期物盡其用，滿足不同之需要，亦**得約定供特定區分所有人使用**（民799 III後段、公寓3⑤），**是為共有專用，或稱約定專用部分**。例如約定由特定人在地下室設置專用停車位，在外牆懸掛招牌，或在樓頂平臺上植栽綠化是。在學理上，稱**特定人在共有部分上所享有之專屬使用權為專用使用權，簡稱專用權**。以下將專用權之主體、客體、設定方式及消滅原因分述如下：

一、專用權之主體

專用權之主體是特定區分所有人或特定第三人。惟依民法第799條第3項後段及公寓大廈管理條例第3條第5款規定，專用權似僅能設定於特定區分所有人，得否設定於特定第三人？不無疑問。就解釋論言，

法律並無明文禁止設定專用權於區分所有人以外之第三人，為發揮共有部分之經濟效用，以達物盡其用之目的，只要透過規約或區分所有人會議之決議，將共有部分之專用權設定於第三人，應無不可。例如由外人在樓頂平臺設置廣告塔、在外牆懸掛招牌是。易言之，特定第三人亦得為專用權之主體。

二、專用權之客體

共有部分原則均得為專用權之客體。但**依公寓大廈管理條例第 7 條規定，下列共有部分，不得約定為專用部分：**①公寓大廈本身所占之地面。②連通數個專有部分之走廊或樓梯。③公寓大廈基礎、主要樑柱、承重牆壁、樓地板及屋頂之構造。④約定專用有違法令使用之限制者。⑤其他有固定使用方法，並屬區分所有人生活利用上不可或缺之共用部分。除上開限制外，得為專用權之共有部分，可歸納如下❾：

1.**建築物本身所占地面以外之空地**：即建築物外牆中心線或代替柱中心線以內之最大水平投影範圍以外之法定空地，得為專用權之客體。如以之設置專用庭院或專用停車場是。

2.**建築物之樓頂或外牆**：此部分為法定共有部分，得為專用權之客體。如在樓頂平臺設置廣告塔，外牆懸掛霓虹燈招牌是。

3.**建築物之防空避難室與法定停車空間**：此部分屬於建築法第 102 條及建築技術規則第 59 條所定之必要設備，應登記為區分所有人之共有，得設定專用權。如將之設定專用停車場或專用兒童遊戲場是。

三、專用權之設定方式

專用權之設定方式有三：一、讓售契約。二、規約。三、區分所有人會議。

㈠**讓售契約**：專用權之設定，在實務上通常係透過公寓讓售契約為之。即區分所有建築物之原始出賣人（通常為建築業者），於分批出售區

❾　林旺根，《「公寓大廈管理條例」草案之研究》，1994 年，頁 131 以下。

分所有權時，以定型化契約約定特定區分所有人對地下室、屋頂或庭院等共有部分有專用權。惟專用權之設定，在性質上係屬共有物之管理，本應由區分所有人依民法第 820 條所定管理方法為之，方屬正辦。但依公寓大廈管理條例第 58 條第 2 項規定：「公寓大廈之起造人或建築業者，不得將共用部分，包括法定空地、法定停車空間及法定防空避難設備，讓售於特定人或為區分所有權人以外之特定人設定專用使用權，或為其他有損害區分所有權人權益之行為。」是知**公寓大廈之起造人或建築業者，得依讓售契約設定專用權，只是其設定對象限於區分所有人，不得設定給區分所有人以外之第三人而已。**

㈡規約：規約，指公寓大廈區分所有人為增進共同利益，確保良好生活環境，經區分所有人會議決議之共同遵守事項（公寓 3 ⑫）。有關公寓大廈、基地或附屬設施之管理使用及其他住戶間相互關係，除法令另有規定外，得以規約定之（公寓 23 I）。是以，共有部分之專用權得依規約而設定。**依規約設定之專用權，其效力不僅可拘束區分所有人，對區分所有權之繼受人，不問其為概括繼受人、抑或特定繼受人，亦有拘束力**（民 799 之 1 IV、公寓 24 I）。

㈢區分所有人會議：區分所有人會議，乃區分所有人為共同事務及涉及權利義務之有關事項，召集全體區分所有人所舉行之會議（公寓 3 ⑦），其性質有如公司之股東會，是區分所有人團體之最高意思機關❿。**共有部分專用權之設定，因是共有部分管理之一環，故得依區分所有人會議為之。依區分所有人會議設定之專用權，基於團體法之法理，對區分所有權之繼受人宜解為亦具拘束力。**

---

❿ 陳俊樵，《區分所有建築物管理問題之研究》，中興大學法律學研究所博士論文，1998 年 7 月，頁 133；林旺根、于俊明、陳美華合著，《活用公寓大廈管理條例》，永汀文化出版事業有限公司，1995 年，頁 91；溫豐文，〈論區分所有權人會議〉，《法令月刊》第 46 卷第 11 期，頁 7。

四、專用權之消滅原因

專用權之消滅原因，除適用一般權利之消滅原因，如拋棄或標的物滅失而消滅外，定有存續期間或其他終止事由者，因存續期間屆滿或其他終止事由之發生而消滅。未定有存續期間或其他終止事由者，除有正常理由外，非經專用權人之同意，不得逕依區分所有人會議之決議或變更規約之方式使其消滅。蓋所以保障專用權人之法律地位，以維交易安全也❶。

---

❶　請參照日本建物區分法第 31 條第 1 項。王澤鑑，❺書，頁 224；溫豐文，《建築物區分所有權之研究》，三民書局，1992 年，頁 79。

案例解析

07

案例一

> 甲、乙、丙共有一筆土地，應有部分各三分之一，請問：
>
> ㈠甲擅自占有該地二分之一面積使用收益，乙、丙得主張何種權利？
>
> ㈡甲出售其應有部分予丁時，乙、丙得主張何種權利？若甲出售之對象為乙，其情形又是如何？

 【解析】

民法第 818 條規定：「各共有人，除契約另有約定外，按其應有部分對於共有物之全部，有使用收益之權。」據此可知，共有人使用收益共有物之客體為共有物之全部，而非共有物之特定部分。共有人若未經協議或未依民法第 820 條第 1 項規定之決定，任意占有共有物之全部或一部而為用益時，已屬侵害他共有人之所有權，他共有人得主張下列權利：

1.依民法第 821 條及第 767 條規定，本於所有權之請求，請求除去其妨害或請求向全體共有人返還占用部分（28 院 1950）。蓋共有人應有部分係存在於共有物之全部上，且其性質與所有權相同也。

2.依民法第 184 條規定，行使侵權行為損害賠償請求權（51 臺上 3495、62 臺上 1803）。蓋該共有人不僅侵害他共有人之所有權，亦侵害他共有人依民法第 818 條所生之共有物用益權也。

3.於該共有人受有利益時，他共有人亦得依民法第 179 條規定，行使不當得利返還請求權（55 臺上 1949）。

上述三種權利，他共有人對不當得利返還請求權與侵權行為損害賠償請求權得擇一行使，但對於所有權妨害除去請求權或所有物返還請求權與前兩者請求權之一得同時而為主張。申言之，他共有人主張所有權妨害除去請求權時，並得就不當得利返還請求權或侵權行為損害賠償請求權擇一行使。惟若不主張所有權妨害除去請求權，而主張所有物返還請求權時，亦得就不當得利返還請求權或侵權行為損害賠償請求權，擇一行使。

　　另依土地法第 34 條之 1 第 4 項規定：「共有人出賣其應有部分時，他共有人得以同一價格共同或單獨優先承購。」準此，共有人出售其應有部分時，他共有人得主張優先購買權，稽其立法意旨，在於防止共有土地之應有部分落於外人之手，以限制共有人人數增加，簡化或消滅共有關係，俾利共有土地之管理或利用。是以共有人間互為應有部分之買賣，無上開規定適用之餘地（最高法院 72 年臺抗字第 94 號判例）。至共有人數人共同主張優先購買權時，應按主張優先購買權人之應有部分比率定其優先購買之部分（土地法第三十四條之一執行要點 11 ⑨後段）。

　　據上分析，㈠本案例甲擅自占有共有土地二分之一面積使用收益，乙、丙得就所有權妨害除去請求權或所有物返還請求權，與侵權行為損害賠償請求權或不當得利返還請求權擇一行使。㈡甲出售其應有部分與丁時，乙、丙得單獨或共同主張優先購買權。乙、丙若共同主張時，其承購部分按乙、丙應有部分比率定之，即甲的三分之一應有部分，由乙、丙各承購六分之一。至甲若出售其應有部分予乙時，丙不得主張優先購買權。

案例二

　　甲、乙、丙共有一筆土地，每人之應有部分各三分之一，甲、乙、丙三人對該地之管理始終無法達成協議，甲遂僅徵得乙之同意，決定將該地分成三等分，由自己與乙占有較佳區位部分使用，請問：

　　㈠對甲、乙所為之管理決定，丙有何救濟方法？

　　㈡若丙將其應有部分讓與丁，該管理決定對丁有無拘束力？

【解析】

　　依民法第 820 條第 1 項規定：「共有物之管理，除契約另有約定外，應以共有人過半數及其應有部分合計過半數之同意行之。但其應有部分合計逾三分之二者，其人數不予計算。」據此可知，共有物之管理方法除得依共有人之一致決（管理約定）定之外，尚得依共有人之多數決（管理決定）定之，依共有人多數決所為之管理決定，基於團體法少數服從多數之法理，不同意之共有人，亦應受其拘束。換言之，本案例甲、乙所為之管理決定，對丙亦有拘束力，惟為防杜多數決之濫用，甲、乙所為之管理決定，若顯失公平，損及丙之權益時，丙得依下列二種方法，請求救濟：

　　1.**聲請法院以裁定變更管理決定**：民法第 820 條第 2 項規定，依多數決所決定之管理方法，顯失公平者，不同意之共有人得聲請法院以裁定變更之。此項聲請，應依非訟事件程序為之，且僅限於不同意之共有人始得聲請。所謂不同意之共有人，不問是持反對意見之積極不同意之共有人，或是未表示意見，乃至未參與決定之消極不同意之共有人，均包括在內。基此，本案例之共有人甲、乙決定由自己占有較佳區位部分使用，如顯失公平，丙得聲請法院以裁定變更之。

　　2.**請求損害賠償**：依民法第 820 條第 4 項規定，共有人依多數決所為之管理決定，有故意或重大過失致共有人受損害者，對不同意之共有人負連帶損害賠償責任。據此，本案例若甲、乙有故意或重大過失致丙

受損害時，甲、乙對丙應負連帶損害賠償責任。亦即丙得向甲、乙請求連帶損害賠償。此項損害賠償責任為法定責任，但不排除侵權行為規定之適用。申言之，甲、乙之行為若符合侵權行為之要件者，仍應有一般侵權行為規定之適用，只是本項責任係以故意或重大過失為其構成要件，與一般侵權行為之構成要件之不問過失輕重有別，二者相較，本項之責任程度顯然較輕。至故意或重大過失之有無，應分別就甲、乙二人之個別情形認定之，而非就甲、乙二人一起為概括之認定。

另依民法第 826 條之 1 規定，管理決定對應有部分之受讓人有無拘束力、因不動產或動產有別。共有物若為不動產，其管理決定，經依土地登記規則第 155 條之 1 規定辦妥登記者，對於應有部分受讓人（如買受人、受贈人等），或取得物權之人（如地上權人、農育權人等），具有效力；共有物如為動產者，受讓人或取得物權之人，於受讓或取得時，知悉其情事或可得而知者，亦同。是知，甲、乙所為之管理決定若經登記者，丙將其應有部分讓與丁時，該管理決定對丁具有效力，否則則否。

綜上分析，㈠本案例，甲、乙所為之管理決定，若顯失公平，損及丙之權益，丙得聲請法院以裁定變更之，並得向甲、乙請求負連帶損害賠償責任。㈡丙將其應有部分讓與丁時，該管理決定若經登記，對丁有拘束力。

案例三

　　甲、乙、丙共有一筆土地，應有部分均等，甲請求分割，乙、丙同意，經甲、乙、丙三人協議所為之分割，各共有人何時取得分得部分之單獨所有權？若乙、丙拒絕分割，甲訴請法院裁判分割，各共有人取得單獨所有權之時期又是何時？

【解析】

　　依民法第 823 條第 1 項前段規定，各共有人除法令另有規定外，得隨時請求分割共有物，以消滅共有關係。共有關係一經消滅，各共有人即取得分得部分之單獨所有權。其效力始自共有物分割之效力發生時起（民 824 之 1 I）。換言之，在我國，共有物分割之效力係採權利移轉主義，共有人取得分得部分之單獨所有權係向後發生，不溯既往，不問協議分割或裁判分割均然。惟所謂「分割之效力發生時」，則因協議分割與裁判分割而有不同之內涵，茲分述如下：

1.協議分割

　　在協議分割，所謂「分割效力發生時」，如分割物為動產係指交付時，如為不動產則指分割登記完畢時而言。蓋協議分割，係以法律行為使共有物所有權發生變動，性質上屬處分行為，因而依民法第 758、761 條之規定。在動產須經交付（民 761），在不動產須訂立書面契約（民 758 II），並經登記（民 758 I），始生分割之效力。茲所稱登記，乃經登記機關依土地登記規則登記於登記簿，並加蓋登簿，校對人員名章而言，亦即須登記完畢而後可。若僅申請登記，而未經登記機關將應行登記之事項記入登記簿者，不能認為已發生登記之效力（33 上 5374）。又土地登記以電腦處理者，經依系統規範登錄、校對，並異動地籍主檔完竣後，為登記完畢（土登 6）。質言之，共有不動產之協議分割，須俟分割登記完畢後，各共有人始取得分得部分之單獨所有權。

2.裁判分割

　　在裁判分割，所稱「分割效力發生時」係指判決確定時。蓋共有物分割判決，性質上屬形成判決，具有創效力，於判決確定時，即生共有關係終止之效力，動產不待交付，不動產不待登記，各共有人即取得分得部分之單獨所有權。至所謂判決確定時，係指上訴期間屆滿時而言。但判決於上訴期間內有合法之上訴者，阻其確定。至不得上訴之判決，則於宣示時確定，不宣示者，於公告時確定（民訴398）。

　　茲值說明者，共有不動產之裁判分割，各共有人雖於判決確定時，取得分得部分之單獨所有權，無庸登記。但不經登記，不得處分其所分得部分之所有權。換言之，因裁判分割而取得不動產物權者係以登記為處分要件，而非生效要件（民759）。至共有人依據法院判決申請共有物分割登記者，不以全體會同申請為必要，任一共有人均得提出法院判決確定書及其他應附書件，單獨為全體共有人申請登記（土登27 ④、100）。

　　據上分析可知，本案例甲、乙、丙共有一筆土地，其分割不問協議分割，抑或裁判分割，各共有人取得分得部分之單獨所有權，均自分割時起生效，不溯及既往。其中，協議分割，各共有人於分割登記完畢時取得單獨所有權；裁判分割，則於判決確定時取得單獨所有權。

案例四

　　甲、乙共有一筆土地，面積一百平方公尺，僅符最小建築面積單位，應有部分分別為甲十分之九，乙十分之一。甲、乙各以其應有部分分別向丙、丁貸款設定抵押權作為擔保。嗣後，甲請求分割共有物，因與乙無法達成協議，遂提起分割共有物之訴，經法院判決，該共有土地分配予甲，並命甲補償金錢若干予乙。請問：

　　㈠乙對於甲之補償金債權，民法設有何種保障機制？

　　㈡丁在乙之應有部分上原有之抵押權，如何處理？

【解析】

　　民法第 824 條第 3 項規定，法院為裁判分割以原物分配時，如共有人中未受分配，或不能按其應有部分受分配者，得以金錢補償之。於此情形，為保障不動產因裁判分割而應受補償共有人之權益，民法第 824 條之 1 第 4 項進一步規定：「前條第 3 項之情形如為不動產分割者，應受補償之共有人，就其補償金額，對於補償義務人所分得之不動產有抵押權。」據此，共有不動產之裁判分割，如共有人中有未受分配或不能按其應有部分受分配，而以金錢補償者，應受補償人對於補償義務人之補償金債權，就補償義務人分得之不動產有抵押權。此項抵押權係依法律之規定而發生，是為法定抵押權。準此以言，本案例，因法院判決將共有土地分配予甲，並命甲應補償金錢若干予乙，因此，乙對甲之補償金債權，就甲分得之土地有法定抵押權。此項法定抵押權，於辦理共有物分割登記時，地政機關應併予登記（民 824 之 1 Ⅴ 前段）。

　　惟值說明者，民法第 824 條之 1 第 2 項規定，應有部分有抵押權者，其權利不因共有物分割而受影響，但因⑴權利人同意分割，⑵權利人已參加共有物分割訴訟，⑶權利人經共有人告知訴訟而未參加者，其權利移存於抵押人所分得之部分。是知，丙在甲之應有部分上原有之抵押權於共有物分割後，移存於甲分得之土地上。如此一來，甲因裁判分割而

取得之土地，既有乙之法定抵押權，又有丙移存之抵押權同時存在，為確保應受金錢補償共有人乙之權益，並兼顧交易安全，民法第 824 條之1 第 5 項後段規定，乙之法定抵押權之次序優先於丙移存的抵押權。

　　至於丁在乙之應有部分上原有之抵押權，因乙未受原物分配，僅受金錢補償，該抵押權準用民法第 881 條第 1 項、第 2 項規定，轉換為權利質權（民 824 之 1 Ⅲ）。換言之，丁對乙所受甲之補償金債權有權利質權。此一權利質權，除以乙所受之補償金債權為標的外，因乙所受補償金債權在甲所分得之土地上有法定抵押權，基於抵押權從屬性之法理，該法定抵押權亦為權利質權效力之所及（民 870）。

　　綜上分析，㈠乙對於甲之補償金債權，民法第 824 條之 1 第 4 項、第 5 項設有保障機制，即乙就甲分得之土地有法定抵押權，此項法定抵押權之次序優先於丙在甲之應有部分上原有抵押權所移存之抵押權。㈡丁在乙之應有部分原有之抵押權，對乙所受之補償金債權有權利質權，此一權利質權之效力及於乙在甲分得土地上所享有之法定抵押權。

案例五

　　甲、乙、丙三人合夥經營商業，相互約定，由甲出資 A 地，乙出錢在 A 地上興建 B 屋作為營業場所，丙出資現金作為營運資金。請問：

　　㈠甲、乙、丙三人分別在 A 地及 B 屋上有無應有部分？

　　㈡甲、乙或丙得否將自己之股份或 A 地及 B 屋上的應有部分讓與他人？

【解析】

　　民法第 668 條規定：「各合夥人之出資及其他合夥財產，為合夥人全體之公同共有。」依此條文，上述案例中之 A 地及 B 屋是甲、乙、丙三人之公同共有。所謂公同共有，乃數人基於公同關係共有一物所有權，而公同關係之成立原因，有依法律行為者，如合夥契約、夫妻共同財產制契約（民 1031）是；有依法律規定者，如民法第 1151 條之規定是；亦有依習慣者，如祭祀公業（39 臺上 364）、神明會（72 臺上 1174 判決）是。公同共有與分別共有均係數人共有一物，惟前者係基於公同關係，後者則按其應有部分，斯為二者在法律結構上之基本差異。

　　公同共有人對公同共有財產有一定之權義率，例如合夥人就合夥財產之股份（民 683）、繼承人就繼承財產之應繼分（民 1144）、派下員就祭祀公業財產之房份等是。此一權義率，存在於公同共有之總財產上，殆無爭議，惟是否存在於個別的公同共有物上，則有不同見解。實務係採否定見解，認為：依民法第 827 條第 2 項規定，各公同共有人之權利，既係及於公同共有物之全部，則各該共有人自無所謂有應有部分（37 上 6419）。惟學說多採肯定見解，認為：公同共有人對個別的公同共有物有其應有部分，但該應有部分應受為達成共同目的所設之內部規則之拘束。在公同關係存續中，各公同共有人既不得自由處分其應有部分，亦不得請求分割。換言之，公同共有人之應有部分於公同關係存續中，僅屬潛在，於公同關係終止（共同目的之終了）時，始得成為現實。問題是基於

合夥契約而成立之公同共有，各合夥人得否處分其股份或組成合夥財產各標的物上的應有部分？

首就股份之處分言，由於合夥係互約出資以經營共同事業之契約（民667），合夥人相互間存有人格信賴關係，合夥之股份與合夥人之地位具有不可分離之關係，讓與股份等同退夥，受讓股份等同入夥。換言之，合夥股份之轉讓，性質上為契約之承擔，同時發生具有退夥、入夥之雙重效果。因此合夥之股份屬於人格的應有部分，基於人格信賴關係，非經他合夥人全體之同意，各合夥人不得將自己之股份轉讓與第三人（民683 前段）。次就應有部分之處分言，如前所述，組成合夥財產（共同財產）之各個標的物，各合夥人（公同共有人）對之僅有潛在的應有部分。此一潛在的應有部分之比例，按各合夥人之股份比例定之，屬於物權的應有部分，依公同共有之本質，在合夥關係（公同關係）存續中，各合夥人不得任意處分，亦不得自由請求分割，而與分別共有之共有人得自由處分其應有部分（民819 I），並得隨時請求分割（民823 I 前段）者，迥然不同。

據上分析，㈠本案例之甲、乙、丙三人在 A 地及 B 屋上有潛在的應有部分，此一應有部分應受為達成共同目的所設之內部規則之拘束，不得處分，亦不得請求分割。㈡基於人格信賴關係，甲、乙或丙非經他合夥人全體之同意，不得將自己之股份讓與他人。至在 A 地與 B 屋上之潛在的應有部分，基於公同共有之本質，不得讓與他人。

案例六

　　甲、乙、丙三人共同創作一電腦程式，該電腦程式係三人互相研究彼此磋商之成果，請問：

　　㈠該電腦程式如何定其權利歸屬？若甲拋棄其權利時，其權利歸屬何人？

　　㈡丁非法重製該電腦程式時，甲得否單獨訴請丙賠償損害？

 【解析】

　　電腦程式之權利屬性為著作權，而著作權依其性質可分為著作人格權與著作財產權。其中著作財產權係所有權以外之財產權，屬於智慧財產權（無體財產權）之一種。依著作權法第 8 條規定：「二人以上共同完成之著作，其各人之創作，不能分離利用者，為共同著作。」及民法第 831 條規定：「本節規定，於所有權以外之財產權，由數人共有或公同共有者準用之。」是以，本案例甲、乙、丙共同創作之電腦程式，其著作權應歸甲、乙、丙共有。亦即甲、乙、丙「準共有」電腦程式之著作財產權。

　　又依著作權法第 40 條第 1 項規定：「共同著作各著作人之應有部分，依共同著作人間之約定定之；無約定者，依各著作人參與創作之程度定之。各著作人參與創作之程度不明時，推定為均等。」據此，依案例所示，甲、乙、丙共有電腦程式之著作權，既未約定權利比例，各人參與創作之程度又不明，因而應認甲、乙、丙之著作權比例各為三分之一。至甲拋棄其應有部分之權利時，依著作權法第 40 條第 2 項規定，其應有部分由乙、丙依其應有部分分享之。此點與動產共有人拋棄其應有部分時，該應有部分即成無主物，他共有人僅得依先占之法理取得之，拋棄之應有部分，並非當然歸屬於他共有人，迥不相同。

　　另共同著作人因共有的著作財產權受侵害而請求損害賠償，係屬債權的請求權，而非本於所有權之請求，因此無民法第 821 條之適用（28 院 1950、85 臺上 2391 判決參照）。有關共有人對第三人之債權請求權，

其給付可分者，如侵權行為損害賠償請求權或不當得利返還請求權，各共有人僅得按其應有部分請求賠償或返還；至給付不可分者，如應以回復原狀賠償損害者，依民法第 293 條第 1 項規定，各共有人亦得請求向共有人全體為給付，惟此乃基於債權之性質所致，與民法第 821 條規定之意旨無涉，故共有人對第三人以債權請求權為標的之訴訟，無論給付是否可分，各共有人均得單獨為之。準此以言，本案例丁非法重製甲、乙、丙共有的電腦程式，甲、乙或丙均得按其應有部分單獨訴請丁賠償其所受損害。

綜上分析，㈠本案例甲、乙、丙共同創作之電腦程式，其著作權歸甲、乙、丙共有。因甲、乙、丙三人未約定應有部分比例，而三人參與創作之程度又不明，故甲、乙、丙之著作財產權比例各為三分之一。至甲拋棄其應有部分權利時，其權利應由乙、丙按其應有部分分享之。㈡丁非法重製甲、乙、丙共有的電腦程式，甲得按其應有部分單獨訴請丁賠償其損害，此項損害賠償請求權，因非本於所有權之請求，故不適用民法第 821 條之規定。

案例七

　　甲、乙、丙分別共有相毗連的 A、B 兩宗土地。其中，A 地面積為九百平方公尺。每平方公尺之公告土地現值為新臺幣（下同）一萬元；B 地面積為一百八十平方公尺，每平方公尺之公告土地現值為二萬元。甲、乙、丙三人在 A 地上之應有部分分別為甲五分之三，乙、丙各五分之一；在 B 地上之應有部分均等。請問：A、B 兩宗土地得否合併分割？如何辦理？

 【解析】

　　民法第 824 條第 5 項規定：「共有人相同之數不動產，除法令另有規定外，共有人得請求合併分割。」同條第 6 項規定：「共有人部分相同之相鄰數不動產，各該不動產均具有應有部分之共有人，經各不動產應有部分過半數共有人之同意，得適用前項規定，請求合併分割。但法院認合併分割為不適當者，仍分別分割之。」據此可知，共有人完全相同之數不動產或部分相同之相鄰數不動產，除得協議合併分割外，並得訴請法院合併分割。

　　惟相鄰數不動產之合併分割，應先辦理合併，再行分割。其中，有關土地之合併應具備之要件有二：⑴相合併之土地須為同一地段、地界相連且使用性質相同（地籍測量實施規則 224 I）。⑵相合併之土地須未設定不同種類之他項權利，或經法院查封、假扣押、假處分或破產之登記（土施 19 之 1）。前者是積極要件，後者是消極要件。符合上述二要件，共有人完全相同者，任一共有人均得訴請法院裁判合併分割（民 824 V）；共有人僅部分相同者，各該土地均具有應有部分之共有人，須經各土地應有部分過半數共有人之同意，始得請求法院裁判合併分割（民 824 VI），例如丁、戊、己與丁、戊、庚各共有相鄰之土地一宗，應有部分各為三分之一，丁於取得己及庚之同意後，始得訴請合併分割該二宗土地是。此一請求，除得以起訴之方式為之外，亦得以訴之追加或反訴之方

式為之。

數宗土地合併分割時，因合併前各宗土地之位置、價值不盡相同，且所謂應有部分，乃共有人對共有物所得行使之比例，非侷限於共有物之特定部分，而係抽象地存在於共有物任何微小部分之上，因此各共有人之權利範圍除另有協議外，以各宗土地價值比例為依據算定之較妥。即先按各共有人之應有部分計算其在各宗土地上所享有之價值，再以其和與各宗土地價值之和之比定其權利範圍。例如本案例，甲在 A、B 兩地價值之和是六百六十萬元（A 地上之五百四十萬元加上 B 地上的一百二十萬元），乙、丙各是三百萬元（A 地上之一百八十萬元加上 B 地上之一百二十萬元），而兩地之總價值為一千二百六十萬元（A 地之九百萬元加上 B 地之三百六十萬元），因此合併後之土地，甲有二十一分之十一的應有部分，乙、丙各有二十一分之五。

綜上，依題示，本案例之 A、B 兩地地界相毗連，因此只要地處同一地段、使用性質相同，且無設定不同種類之他項權利，或經法院查封、假扣押、假處分或破產之登記即得辦理合併分割。其方法，若以協議為之者，須經共有人甲、乙、丙三人全體同意；若以訴訟為之者，任一共有人均得訴請法院為之。合併時，各共有人在合併土地之權利範圍，宜以地價為準算定之。準此得知，甲之應有部分為二十一分之十一，乙、丙各二十一分之五。然後，再以此項權利範圍為依據，依一般共有物之分割方法，分割合併後之共有土地。

案例八

　　甲、乙、丙、丁、戊等五人區分所有一棟公寓大廈之一至五樓，除各自專有部分外，尚有公共樓梯、地下室等共有部分。請問：

　　㈠該公共樓梯、地下室等共有部分如何辦理登記？甲、乙、丙、丁、戊等五人之權利範圍如何？

　　㈡設地下室除有樓梯間、配電室外，尚有四個停車位分由甲、乙、丙、丁專用，該專用使用權應如何設定？其效力如何？

 【解析】

　　區分所有建築物（公寓大廈）係由專有部分與共有部分所構成（民799 I）。共有部分指區分所有建築物專有部分以外之其他部分及不屬於專有部分之附屬物（民799 II後段）。其登記，除法令另有規定外，依區分所有人按其設置目的及使用性質之約定情形，分別合併，另編建號，單獨登記為各相關區分所有人之共有（土登81 I）。惟土地登記簿用紙應分標示部、所有權部及他項權利部等三部分（土登16），區分所有建築物共有部分之登記僅建立標示部及加附區分所有建築物共有部分附表，無庸建立所有權部及他項權利部。其建號、總面積及權利範圍，應於各專有部分之建物所有權中記明之，不另發給所有權狀（土登81 II）。據此，本案例之公共樓梯及地下室應登記為甲、乙、丙、丁、戊等五人共有，且僅建立標示部。至甲、乙、丙、丁、戊等五人之權利範圍，除另有約定外，依其專有部分面積與專有部分總面積比例定之（民799 IV）。換言之，倘甲、乙、丙、丁、戊相互間並未約定權利範圍而每人之專有部分面積均等，則各人對公共樓梯、地下室等共有部分之應有部分比例各為五分之一。

　　區分所有建築物之共有部分以由區分所有人按其應有部分使用收益為原則（公寓9 I前段），例外得約定供區分所有建築物之特定所有人使用（民799 III後段），共有部分經約定供特定區分所有人使用者，稱為

「約定專用部分」（公寓 3 ⑤），而特定人在共有部分上所享有的專屬使用權，稱為「專用使用權」，簡稱「專用權」。依公寓大廈管理條例第 23 條第 2 項第 1 款規定，專用權之設定及其權利主體（約定專用部分之範圍及使用主體），非經載明於規約，不生效力。據此，本案例甲、乙、丙、丁在地下室設置專用停車位，應以規約定之，始生效力。

共有部分經設定專用權供特定區分所有人使用後，區分所有人間自應受其拘束，亦即專用權人對約定專用部分取得專屬的用益權。惟專用權之設定如有約定一定使用目的時，例如在屋頂設置花園，或在地下室設置停車位，專用權人之使用自應受其拘束，不得逾越其範圍，若有違反，管理負責人或管理委員會得予制止，經制止而不遵從者，得報請直轄市、縣（市）主管機關處理，並得要求其回復原狀（公寓 15）。是以本案例甲、乙、丙、丁只能在自己專用之停車位作停車使用，不得移作他用。另依民法第 799 條之 1 第 4 項前段規定，區分所有人間依規約所生之權利義務，繼受人應受拘束。基此，依規約而設定之專用權，具有物權之效力，不以拘束區分所有人全體為限，區分所有權之繼受人亦應受其拘束。例如本案例之戊若將其區分所有權讓與己，甲、乙、丙、丁之專用權對己亦具效力是。

綜上，㈠本案例之公共樓梯、地下室僅建立標示部，登記為甲、乙、丙、丁、戊共有。至甲、乙、丙、丁、戊之權利範圍，原則按各人之專有部分面積與專有部分總面積比例定之。㈡甲、乙、丙、丁停車位專用權之設定應以規約為之。此項專用權之設定，不僅拘束區分所有人，對區分所有權之繼受人亦有拘束力。

附 錄　參考文獻

壹、書　目

一、中文書籍（按姓氏筆畫）

1. 尤重道，《共有不動產處分之理論》，永然文化出版股份有限公司，1999 年。

2. 王澤鑑，《民法物權(1)‧通則‧所有權》，自版，2006 年。

3. 王澤鑑，《民法物權》，自版，2009 年。

4. 王澤鑑，《民法學說與判例研究(一)》，自版，1986 年。

5. 史尚寬，《土地法原論》，正中書局，1964 年。

6. 史尚寬，《物權法論》，自版，1979 年。

7. 吳光明，《物權法新論》，新學林出版股份有限公司，2006 年。

8. 李肇偉，《民法物權》，自版，1979 年。

9. 李模，《民法問題研究》，自版，1989 年。

10. 李模，《民法總則之理論與實用》，自版，1998 年。

11. 林旺根、于俊明、陳美華合著，《活用公寓大廈管理條例》，永汀文化出版事業有限公司，1995 年。

12. 林誠二，《民法總則（下）》，瑞興圖書股份有限公司，2007 年。

13. 法務部，《臺灣民事習慣調查報告》，法務通訊雜誌社，1990 年。

14. 邱聰智著，姚志明校訂，《新訂債法各論（上）》，元照出版有限公司，2002 年。

15. 邱聰智著，姚志明校訂，《新訂債法各論（下）》，元照出版有限公司，2003 年。

16. 姚紅主編，《中華人民共和國物權法精解》，人民出版社，2007 年。

17. 姚瑞光，《民法物權論》，大中國圖書公司，1999 年。

18. 施啟揚，《民法總則》，自版，2005 年。

19. 胡康生主編，《中華人民共和國物權法釋義》，法律出版社，2007 年。

20.孫森焱,《民法債編總論》, 自版, 1988 年版。

21.孫森焱,《民法債編總論‧下冊》, 自版, 2001 年。

22.張登科,《強制執行法》, 自版, 1993 年。

23.梁慧星,《中國民法典草案建議稿附理由——物權編》, 法律出版社, 2004 年。

24.梅仲協,《民法要義》, 自版, 1963 年。

25.郭振恭,《民法》, 三民書局, 1999 年。

26.陳華彬,《物權法原理》, 國家行政學院出版社, 1998 年。

27.黃右昌,《民法物權詮解》, 1965 年。

28.黃茂榮,《民商法判解評釋（第二冊）》, 植根法學叢書, 1981 年。

29.楊與齡,《民法概要》, 自版, 1985 年。

30.溫豐文,《土地法》, 自版, 2009 年。

31.溫豐文,《建築物區分所有權之研究》, 三民書局, 1992 年。

32.溫豐文,《現代社會與土地所有權理論之發展》, 五南圖書出版公司, 1984 年。

33.鄭玉波,《民法債編總論》, 三民書局, 1980 年。

34.鄭玉波,《民商法問題研究㈠》, 國立臺灣大學法學叢書編輯委員會, 1976 年。

35.鄭玉波著, 黃宗樂修訂,《民法物權》, 三民書局, 2007 年。

36.鄭玉波編,《民法物權論文選輯（上）》, 五南圖書出版公司, 1984 年。

37.謝在全,《分別共有內部關係之理論與實務》, 自版, 1995 年。

38.謝在全,《民法物權論（上）》, 自版, 2004 年。

39.謝在全,《民法物權論（上）》, 自版, 2009 年。

40.謝在全,《民法物權論（中）》, 自版, 2009 年。

41.謝在全,《民法物權論（下）》, 自版, 2007 年。

42.謝哲勝,《財產法專題研究》, 三民書局, 1995 年。

43.蘇永欽編,《民法物權爭議問題研究》, 五南圖書出版公司, 1999 年。

二、日文書籍

1. 丸山英氣，《區分所有建物の法律問題》，三省堂，1981 年。
2. 川島武宜編，《注釋民法(7)・物權(2)》，有斐閣，1978 年。
3. 中尾英俊，《入會林野の法律問題》，勁草書房，1977 年。
4. 北川善太郎，《物權》，有斐閣，1996 年。
5. 末弘嚴太郎，《民法物權（上卷）》，岩波書店，1921 年。
6. 玉田弘毅，《建築物區分所有法の現代的課題》，商事法務研究會，1981 年。
7. 石田文次郎，《土地總有權史論》，岩波書店，1927 年。
8. 舟橋諄一，《物權法》，有斐閣，1974 年。
9. 我妻榮，《債權各論（中卷二）》，岩波書店，1973 年。
10. 我妻榮著，有泉亨補訂，《物權法・民法講義 II》，岩波書店，2004 年。
11. 林良平，《物權法》，青林書院，1986 年。
12. 原田慶吉，《ローマ法》，有斐閣，1974 年。
13. 渡邊晉，《區分所有法の解説》，住宅新報社，2004 年。
14. 鈴木祿彌，《物權法講義》，創文社，1975 年。
15. 稻本洋之助、鎌野邦樹，《コンメンタール・マンション區分所有法》，日本評論社，2004 年。
16. 篠塚昭次編，《判例コンメンタール 3・民法 I》，三省堂，1977 年。
17. 臨時臺灣舊慣調查會，《臺灣私法（第一卷下）》，1910 年。

三、中文期刊

1. 吳光陸，〈土地法第三十四條之一第一項之商榷〉，《法學叢刊》第 136 期。
2. 吳明軒，〈請求履行共有物協議分割契約之訴〉，《月旦法學教室》第 51 期。
3. 張龍文，〈論分別共有物之分割〉，《法學叢刊》第 5 期。
4. 陳立夫，〈我國土地登記法制若干問題之辨析〉，《台灣法學》第 121 期。
5. 陳計男，〈論共有物分割之訴〉，《法令月刊》第 34 卷第 12 期。
6. 陳榮隆，〈互動而成之新物權通則及所有權〉，《月旦法學》第 168 期。

7. 楊與齡,〈分割共有物之基本原則〉,《民事判解介紹例題試解彙編》, 法務通訊社,1982 年。

8. 溫豐文,〈公同共有之應有部分〉,《月旦法學教室》第 74 期。

9. 溫豐文,〈共有物分割對應有部分抵押權之效力〉,《月旦法學教室》第 59 期。

10. 溫豐文,〈相鄰數共有不動產之合併分割〉,《月旦法學教室》第 86 期。

11. 溫豐文,〈論不動產登記〉,《中國房地產法研究》第 2 卷。

12. 溫豐文,〈論共有物之管理〉,《台灣法學》第 135 期。

13. 溫豐文,〈論區分所有權人會議〉,《法令月刊》第 46 卷第 11 期。

14. 劉錦隆,〈應有部分之抵押〉,《法令月刊》第 37 卷第 8 期。

15. 蔡明誠,〈共有物分管契約與物上請求權問題〉,《台灣本土法學》第 12 期。

16. 蔡明誠,〈數筆共有土地之裁判合併分割問題〉,《台灣本土法學》第 22 期。

17. 鄭冠宇,〈民法物權編關於「共有」部分之修正簡析〉,《月旦法學》第 168 期。

四、日文期刊

1. 玉田弘毅,〈建物の區分所有に關する若干の考察〉,《私法》29 號。

2. 石田文次郎,〈合有論〉,《法學協會雜誌》49 卷 4 號。

3. 石田文次郎,〈民法における所有權の型態〉,《法商研究》1 卷 1 號。

4. 奈良次郎,〈共有物分割の訴について〉,《判例タイムズ》580 號。

五、碩博士論文

1. 古振暉,《共同所有之比較研究》,中正大學法律研究所博士論文,2006 年 1 月。

2. 陳河泉,《共有土地分割之研究》,東海大學法律研究所碩士論文,1995 年 12 月。

3. 陳俊樵,《區分所有建築物管理問題之研究》,中興大學法律研究所博士論文,1998 年 7 月。

六、其　他

1.林旺根，《「公寓大廈管理條例」草案之研究》，1994 年。

2.陳忠五主編，《民法（學林分科六法）》，學林文化事業有限公司，2003 年。

3.黃宗樂監修，《六法全書‧民法》，保成文化事業出版公司，1993 年版。

貳、實務見解

一、最高法院判例

1.最高法院 17 年上字第 179 號判例

2.最高法院 17 年上字第 1014 號判例

3.最高法院 17 年上字第 1109 號判例

4.最高法院 17 年上字第 1179 號判例

5.最高法院 18 年上字第 34 號判例

6.最高法院 18 年上字第 478 號判例

7.最高法院 18 年上字第 1473 號判例

8.最高法院 18 年上字第 1645 號判例

9.最高法院 18 年上字第 2536 號判例

10.最高法院 19 年上字第 981 號判例

11.最高法院 19 年上字第 2208 號判例

12.最高法院 19 年上字第 2418 號判例

13.最高法院 20 年上字第 3204 號判例

14.最高法院 28 年上字第 2361 號判例

15.最高法院 29 年上字第 102 號判例

16.最高法院 29 年上字第 472 號判例

17.最高法院 29 年上字第 494 號判例（最高法院 99 年度第 1 次民事庭會議決議不再援用）

18.最高法院 29 年上字第 1529 號判例

19. 最高法院 29 年上字第 1792 號判例
20. 最高法院 30 年上字第 135 號判例
21. 最高法院 31 年上字第 149 號判例
22. 最高法院 32 年上字第 11 號判例
23. 最高法院 32 年上字第 3014 號判例
24. 最高法院 32 年上字第 4986 號判例
25. 最高法院 32 年上字第 5188 號判例
26. 最高法院 33 年上字第 2489 號判例
27. 最高法院 33 年上字第 3768 號判例
28. 最高法院 33 年上字第 5374 號判例
29. 最高法院 37 年上字第 6064 號判例（最高法院 99 年度第 1 次民事庭會議決議不再援用）
30. 最高法院 37 年上字第 6419 號判例
31. 最高法院 37 年上字第 6703 號判例
32. 最高法院 37 年上字第 7366 號判例
33. 最高法院 39 年臺上字第 364 號判例（最高法院 97 年度第 2 次民事庭會議決議不再援用）
34. 最高法院 40 年臺上字第 998 號判例
35. 最高法院 40 年臺上字第 1479 號判例
36. 最高法院 40 年臺上字第 1563 號判例
37. 最高法院 42 年臺上字第 1196 號判例
38. 最高法院 43 年臺上字第 952 號判例
39. 最高法院 43 年臺上字第 1016 號判例
40. 最高法院 44 年臺上字第 59 號判例
41. 最高法院 44 年臺上字第 700 號判例
42. 最高法院 48 年臺上字第 1065 號判例
43. 最高法院 50 年臺上字第 970 號判例
44. 最高法院 51 年臺上字第 271 號判例

45.最高法院 51 年臺上字第 2641 號判例

46.最高法院 51 年臺上字第 3495 號判例

47.最高法院 53 年臺上字第 2717 號判例

48.最高法院 55 年臺上字第 1949 號判例

49.最高法院 57 年臺上字第 2387 號判例

50.最高法院 58 年臺上字第 872 號判例

51.最高法院 59 年臺上字第 1198 號判例

52.最高法院 62 年臺上字第 1803 號判例

53.最高法院 63 年臺上字第 2680 號判例

54.最高法院 64 年臺上字第 420 號判例

55.最高法院 64 年臺上字第 1923 號判例

56.最高法院 65 年臺上字第 563 號判例

57.最高法院 65 年臺上字第 853 號判例

58.最高法院 65 年臺上字第 1416 號判例

59.最高法院 67 年臺上字第 2647 號判例

60.最高法院 67 年臺上字第 3131 號判例

61.最高法院 68 年臺上字第 3141 號判例

62.最高法院 69 年臺上字第 1134 號判例

63.最高法院 69 年臺上字第 1166 號判例

64.最高法院 69 年臺上字第 1831 號判例

65.最高法院 72 年臺抗字第 94 號判例

66.最高法院 73 年臺上字第 1173 號判例

67.最高法院 74 年臺上字第 748 號判例

68.最高法院 74 年臺上字第 2561 號判例

69.最高法院 81 年臺上字第 2688 號判例

70.最高法院 84 年臺上字第 339 號判例

71.最高法院 85 年臺上字第 2676 號判例

72.最高法院 86 年臺上字第 473 號判例

二、最高法院裁判

1. 最高法院 53 年臺上字第 1993 號判決
2. 最高法院 58 年臺上字第 1510 號判決
3. 最高法院 59 年臺上字第 4052 號判決
4. 最高法院 60 年臺上字第 2438 號判決
5. 最高法院 69 年臺上字第 350 號判決
6. 最高法院 69 年臺上字第 2739 號判決
7. 最高法院 71 年臺上字第 2121 號判決
8. 最高法院 71 年臺上字第 3541 號判決
9. 最高法院 72 年臺上字第 1174 號判決
10. 最高法院 74 年臺上字第 1014 號判決
11. 最高法院 77 年臺上字第 413 號判決
12. 最高法院 77 年臺上字第 2061 號判決
13. 最高法院 78 年臺上字第 455 號判決
14. 最高法院 82 年臺上字第 2720 號判決
15. 最高法院 83 年臺上字第 1377 號判決
16. 最高法院 83 年臺上字第 2544 號判決
17. 最高法院 85 年臺上字第 2391 號判決
18. 最高法院 86 年臺上字第 699 號判決
19. 最高法院 86 年臺上字第 2098 號判決
20. 最高法院 88 年臺上字第 224 號判決
21. 最高法院 88 年臺上字第 410 號判決
22. 最高法院 88 年臺上字第 822 號判決
23. 最高法院 88 年臺上字第 910 號判決
24. 最高法院 88 年臺上字第 980 號判決
25. 最高法院 88 年臺上字第 1645 號判決
26. 最高法院 88 年臺上字第 1768 號判決

27.最高法院 88 年臺上字第 1887 號判決

28.最高法院 88 年臺上字第 1932 號判決

29.最高法院 88 年臺上字第 2199 號判決

30.最高法院 88 年臺上字第 2837 號判決

31.最高法院 89 年臺再字第 81 號判決

32.最高法院 89 年臺上字第 1147 號判決

33.最高法院 89 年臺上字第 1875 號判決

34.最高法院 89 年臺上字第 2966 號判決

35.最高法院 91 年臺上字第 607 號判決

36.最高法院 91 年臺上字第 805 號判決

37.最高法院 91 年臺上字第 1342 號判決

38.最高法院 92 年臺上字第 1534 號判決

39.最高法院 94 年臺上字第 1149 號判決

三、最高法院決議

1.最高法院 65 年度第 2 次民事庭會議決議㈢

2.最高法院 66 年度第 7 次民事庭會議決議

3.最高法院 67 年度第 5 次民事庭會議決議

4.最高法院 68 年度第 13 次民事庭會議㈡附帶決議

5.最高法院 74 年度第 2 次民事庭會議決議

6.最高法院 78 年度第 12 次民事庭會議決議

7.最高法院 80 年度第 1 次民事庭會議決議㈠

四、司法院解釋

1.民國 25 年司法院院字第 1425 號解釋

2.民國 25 年司法院院字第 1516 號解釋

3.民國 28 年司法院院字第 1950 號解釋

4.民國 63 年司法院釋字第 141 號解釋

5.民國 71 年司法院釋字第 173 號解釋

6.民國 83 年司法院釋字第 349 號解釋

7.民國 83 年司法院釋字第 358 號解釋

8.民國 99 年司法院釋字第 671 號解釋

五、其　他

1.大理院 3 年上字第 1207 號判例

2.大理院 4 年上字第 127 號判例

3.大理院 10 年上字第 9 號判例

4.日本大審院民事部昭和 17 年 4 月 24 日判決

Civil Law   Civil Law

確實掌握民法條文奧義

就從 *法學啟蒙叢書——民法系列* 開始

不當得利   楊芳賢 著

　　本書涉及民法上不當得利的規定，架構上主要區分不當得利之構成要件與法律效果，其中構成要件之說明，包括民法第179及180條之規定；法律效果部分，則包括民法第181、182及183條之規定。本書撰寫方式，首先為教學性質之說明，於各章節開始處，以相關實例問題作引導，簡介該章節之法律概念，並盡量以實務及學說上之見解詳做解析；其次，則進入進階部分，即最高法院相關判決之歸納、整理、分析與評論；最末，簡要總結相關說明。期能藉由本書之出版，讓欲學習不當得利規定及從事相關實務工作之讀者，更加掌握學習與運用法律規定之鑰。

占　有   劉昭辰 著

　　本書以淺顯的例子為出發，藉以輔助說明抽象難懂的法律概念，幫助初學者輕鬆理解「占有」的法律問題。本書共分六章，占有的概念與功能在前兩章說明，第三章為占有的取得、喪失及類型，而第四章則分別從訴訟與實體層面探討占有的保護，第五章乃所有權人與無權占有人之權利義務關係，最後，在第六章介紹準占有。對於實務上有爭議的法律問題，作者以自己的法律體系為基礎，提出更進一步的深入討論及意見，使得本書也適合法律人工作上進修所用。

保　證   林廷機 著

　　想多了解保證之法律制度，卻因為法律條文太過龐雜，專業之法律教科書又太過艱深，讓您「不得其門而入」嗎？的確，法律條文的龐雜常令剛入門的學習者產生「見樹不見林」、「只知其然，不知其所以然」的困惑。本書以淺顯的用語，引導讀者領略保證契約之「意義」、「成立」、「效力」，輔以圖示說明當事人間權利義務關係。建立基本觀念架構後，再進一步探究特殊種類保證與實務操作模式，相信您也能成為保證達人！

確實掌握民法條文奧義

就從 *法學啟蒙叢書——民法系列* 開始

法律行為　陳榮傳 著

　　法律行為撐起了民商法的半邊天，並且已成為現代民商法的重要核心。本書討論法律行為的基本問題，並盡量以接近白話的語法寫作，希望能貼近目前法律系學生的閱讀習慣、降低各種法學理論的爭辯評斷，以方便初學者入門。此外，為使讀者掌握相關司法實務的全貌，筆者在寫作期間蒐集、參考了數百則實務的裁判，並在內文中儘可能納入最高法院的相關判例及較新的裁判，希望藉由不同時期的案例事實介紹，描繪出圍繞著這些條文的社會動態及法律發展，讓讀者在接受真正的法律啟蒙之外，還能有一種身在其中的感覺。

民法上權利之行使　林克敬 著

　　民法主要規範人與人之間的權利與義務，本書專門討論權利之行使與義務之履行。本書不只介紹民法中的各種權利，也探討了如何行使權利，才不會超過權利應有的界限。司法實務上最容易產生的民法爭議主要集中於權利界限模糊的問題，本書特別論述民法的「誠實信用原則」（民法的帝王條款）與「禁止權利濫用原則」對於處理權利界限模糊所具有的特殊功能，並探討以上兩原則對於人民如何守法、國會如何立法及法院如何進行司法審判所具有之深遠影響。

婚姻法及夫妻財產制　戴東雄、戴瑀如 著

　　本書主要內容以「婚姻」為主軸，說明婚姻如何成立、解消及因婚姻所生之各種權利與義務，特別是關於夫妻財產制之相關規定。因此全書分為兩大編，第一編為結婚與離婚，包括婚約、結婚之要件、結婚之無效與撤銷、結婚之普通效力、離婚之要件與離婚之效力。第二編則以夫妻財產制為中心，由夫妻財產制契約之訂立，至各種夫妻財產制之類型及其內容，包括法定財產制、共同財產制與分別財產制，皆有詳盡的介紹。本書於各編之後，另附有實例題，期能使讀者了解如何適用法條及解釋之方法，以解決相關法律爭議問題。

確實掌握民法條文奧義

就從 *法學啟蒙叢書——民法系列* 開始

贈　與　郭欽銘 著

　　本書的特色，是以顯淺易懂的文字及活潑生動的案例，介紹我國民法有關贈與規定之學說與實務見解，期使讀者能將本書知識與現實生活中之法律問題相互印證。在案例演習中，若涉及民法贈與其他相關規定，本書均會詳為論述解說，因此可讓非法律人或法律初學者在閱讀時，能輕易理解其內容。

承　攬　葉錦鴻 著

　　本書除了介紹承攬的每個條文及其相關實務見解外，對於學說上見解亦有所說明，希望藉由這些解說，可以更加豐富承攬規定的法律適用。本書內容共分成五編，第一編是承攬概說，第二編是承攬人之義務，第三編是定作人之義務，第四編是承攬契約效力之消滅，第五編是合建、委建與承攬，最後附錄所列的問題，則對本書的重點做一個回顧，希望讀者可以清楚瞭解承攬規定之重點。

契約之成立與效力　杜怡靜 著

　　本書共分為五章，分別為導論與前言（第一章）、契約之成立（第二章）、契約之效力（第三章）、契約之解除與終止（第四章）以及契約法之新趨勢（第五章）等。本書為使初學者能快速建立契約法之基本概念，以深入淺出之方式，於理論基礎之說明上，儘量以簡潔文字並輔以案例加以說明。此外為使讀者融會貫通契約法間之關連性，書末特別附有整合各項契約法觀念的綜合案例演練，促使讀者能夠匯整關於契約法的各項觀念。因此希望讀者務必用心研讀、練習；也希望讀者能藉由本書關於契約法之介紹，進入學習民法之殿堂。